唐诗宋词里的148个科学秘密

"春江水暖"为何"鸭先知"？"霜叶"为何"红于二月花"？"黄梅时节"为何"处处蛙"？"东边日出西边雨"是什么天气？如果你对这些诗词中的问题感到好奇，那么就请翻开这本书，一起去探索诗词中所蕴含的科学秘密吧！

唐诗宋词里的148个
科学秘密

简澹 编著

研究出版社

图书在版编目（CIP）数据

唐诗宋词里的148个科学秘密 / 简澹编著.
— 北京：研究出版社，2013.4（2021.8重印）
（越读越聪明）
ISBN 978-7-80168-804-0

Ⅰ.①唐…

Ⅱ.①简…

Ⅲ.①科学知识—青年读物 ②科学知识—少年读物

Ⅳ.①Z228.2

中国版本图书馆CIP数据核字（2013）第083360号

责任编辑：傅旭清　　责任校对：张　璐

出版发行：研究出版社
　　　　　地　址：北京1723信箱（100017）
　　　　　电　话：010-63097512（总编室）010-64042001（发行部）
　　　　　网址：www.yjcbs.com　E-mail: yjcbsfxb@126.com
经　　销：新华书店
印　　刷：北京一鑫印务有限公司
版　　次：2013年6月第1版　2021年8月第2次印刷
规　　格：710毫米×990毫米　1/16
印　　张：14
字　　数：180千字
书　　号：ISBN 978-7-80168-804-0
定　　价：38.00元

前　言

　　诗词与科学原本属于两个不同的概念范畴。诗人、词人从事创作与科学研究的思维方式不尽相同：前者以形象思维为主，后者以逻辑思维为主。诗词浪漫，科学严谨，两者似乎难以相融，其实不然。真正的诗人、词人不仅通晓诗词韵律，而且善于把文学想象与科学熔于一炉。

　　且看，"两岸青山相对出，孤帆一片日边来"是物理学中的相对运动现象；"黄河之水天上来"是地球水循环的生动描述；"六出飞花入户时"揭示出雪花六角形的形态；"人间四月芳菲尽，山寺桃花始盛开"描写了山地垂直气候特征；"山重水复疑无路，柳暗花明又一村"，写的是江南丘陵地貌；"秋光先到野人家"描述的是城市热岛效应；"鹊声穿树喜新晴"写的是波的衍射现象；"儿童急走追黄蝶，飞入菜花无处寻"，则是动物的一种自我保护方式——拟态。

　　中国古诗词以浩渺辽远的意境、博大精深的理趣，诗意地揭示了古人对世界的认识。透过浩如烟海的诗词，我们可以看出先哲们对大自然的原初认识。虽然他们的科学意识有许多还仅仅停留在感官层面，并没有给出科学的解释，但这并不能掩盖他们的智慧和才情。

　　"世事洞明皆学问"，让作为文化瑰宝的诗词为科学所用，在诗词鉴赏中思考，在思考中顿悟，这不仅能充分调动孩子学习的积极性、主动性，使他们对科学产生浓厚的兴趣，同时还能培养孩子的整合思维和发散思维，让孩子学会将各个学科的知识点直至思维方法进行整合，进行联系、比较和发散，将各科所学融会贯通，并与现实生活相联系，达到学有所用。

在我国诗词发展史上，唐诗和宋词可谓是两颗璀璨夺目的明珠，以铿锵的音韵、如画的情境、丰富的想象力、深蕴的思想感情、诱人的创造力，启迪和哺育着莘莘学子。基于此，我们编纂了这本《唐诗宋词里的148个科学秘密》，帮助读者从科学的角度去理解古诗词，从古诗词的优美语句中学习科学。

本书从浩如烟海的唐诗宋词中精挑细选，选取了其中既耳熟能详、朗朗上口，又蕴含着丰富科学知识的名言佳句148句，涵盖了宇宙、气象、地理、生命、物理、化学等各个方面。在具体内容上，我们先摘录诗句、词句，对其进行简洁明确的阐释，然后从文学的角度，简要介绍诗句的含义和作者所要表达的感情，接着详细介绍隐藏在诗词背后的科学道理，并对科学知识进行延伸和深入，同时又加入了最新科学研究成果，让这本书融古贯今，更具时代性和时效性。本书语言本着通俗易懂的原则，摒弃科学类专业书籍的晦涩难懂，力求知识性与可读性兼具。

"春江水暖"为何"鸭先知"？"对影成三人"的现象真的存在吗？"霜叶"为何"红于二月花"？"黄梅时节"为何"处处蛙"？"鲤鱼"为什么半夜"来上滩"？"高处"为什么"不胜寒"？"东边日出西边雨"是什么天气？雾气为何"夜半来，天明去"？如果你对这些诗词中的问题感到好奇，那么就请翻开这本书，一起去探索诗词中所蕴含的科学秘密吧！

目 录

CONTENTS

第一章 探寻宇宙奥秘

1.为什么我们仍然不知道宇宙有多大？ …………………………………… 2

2.为什么银河系是人类的宇宙家园？ …………………………………… 3

3.天上的星斗为什么会变动位置？ ……………………………………… 4

4.为什么织女星在秋天最明亮？ ………………………………………… 6

5.李白为什么将星星称为"客星"？ …………………………………… 7

6.天狼星真的是一颗孤独的星吗？ ……………………………………… 8

7.为什么天快亮的时候星星就消失了？ ………………………………… 10

8.为什么杜甫说参商星辰不相见？ ……………………………………… 11

9.冬至日过后为什么太阳升高了？ ……………………………………… 12

10.太阳泽被万物的能量来自哪里？ ……………………………………… 13

11.我们看到的星光为什么都是白色的？ ………………………………… 14

12.李白说的"手可摘星辰"是真的吗？ ………………………………… 16

13.苏轼为什么说"月有阴晴圆缺"？ …………………………………… 17

14.月食日食是如何出现的？ ……………………………………………… 18

15.月亮为什么能够引发潮水涨落？ ……………………………………… 20

16.为什么陨石会来到地球？ ……………………………………………… 21

第二章　拨开气象迷雾

17.白居易为什么说雾气"夜半来天明去"？ ………………………… 24

18.日出时的太阳光为什么是红色的？ ………………………… 25

19.李煜为什么说"春去也"？ ………………………… 26

20.李白为什么说"黄河之水天上来"？ ………………………… 28

21.为什么云会形成不同形状？ ………………………… 29

22.张继诗句中的"霜满天"确有此现象吗？ ………………………… 30

23.为什么张旭说走到山中云深处会打湿衣裳？ ………………………… 32

24.刘禹锡为什么说"东边日出西边雨"？ ………………………… 33

25.为什么前山下雨而后山晴天？ ………………………… 34

26.梅雨为什么发生在长江中下游地区？ ………………………… 35

27.为什么咸阳的秋季阴雨绵绵？ ………………………… 37

28.巴山地区为什么多夜雨？ ………………………… 38

29.为什么用"秋波"来形容美女的目光呢？ ………………………… 39

30.为什么夏季会下冰雹？ ………………………… 40

31.为什么新疆八月就飘雪了？ ………………………… 42

32.李白为什么说雪花"大如席"？ ………………………… 43

33.为什么雪花大都是六角形呢？ ………………………… 44

34.李峤为什么通过各种现象来描写风？ ………………………… 46

35.为什么春风不度玉门关？ ………………………… 47

36.苏轼为什么说去海南是九死一生？ ………………………… 49

37.为什么"三大火炉"夏季特别炎热？ ………………………… 50

38.秋天为什么先到了郊外人家？ ………………………… 52

39.山上的桃花为什么开得比山下迟？ ………………………… 53

第三章 追踪地理足迹

40.黄河的源头在哪里? …………………………………………… 56

41.为什么长江向东流去? ………………………………………… 57

42.为什么长江会变成今天的样子? ……………………………… 58

43.为什么称为长江三峡? ………………………………………… 59

44.为什么钱塘江能形成如此壮观的涌潮? ……………………… 61

45.为什么青海湖区有倒着流的河? ……………………………… 62

46.为什么阳朔犀牛湖的水会失踪? ……………………………… 64

47.为什么能够形成盐湖? ………………………………………… 65

48.为什么能够在山区河流中形成沙洲? ………………………… 66

49.沧海桑田的变化是如何发生的? ……………………………… 67

50.为什么岛屿边缘呈弧状? ……………………………………… 69

51.为什么有如此多的山? ………………………………………… 70

52.为什么火焰山会有烈焰燃烧? ………………………………… 72

53.为什么不能让胡马度过阴山? ………………………………… 73

54.为什么燕山时期的造山运动称为"燕山运动"? …………… 75

55.为什么庐山是断块山? ………………………………………… 77

56.为什么说秦岭不是岛弧—海沟结构? ………………………… 78

57.为什么说雨花石来自于岩浆? ………………………………… 80

58.为什么石灰岩地带易形成溶洞? ……………………………… 81

59.李白为什么发出蜀道"难于上青天"的感慨? …………… 83

60.为什么吐鲁番盆地成为我国内陆的最低点? ………………… 84

61.为什么江南会形成丘陵地形? ………………………………… 85

62.为什么说成土母质是土壤的最初来源? ……………………… 87

第四章　发现生命玄机

63.青苔都生长在陆地上吗？ ·························· 90

64.为什么草会一岁一枯荣？ ·························· 91

65.为什么野火不会将草烧死？ ························ 92

66.经霜的枫叶为什么比二月的鲜花还红？ ·············· 94

67.为什么迎着阳光的花木早发芽？ ···················· 95

68.为什么向日葵花盘始终朝向太阳？ ·················· 97

69.为什么年轮与气候变化密切相关？ ·················· 98

70.为什么说春蚕到死丝方尽？ ························ 100

71.为什么萤火虫能发光？ ···························· 101

72.柳永为什么说寒蝉凄切？ ·························· 102

73.蝉为什么能发出如此响亮的鸣叫？ ·················· 103

74.蟋蟀为什么会不断鸣叫？ ·························· 105

75.蜻蜓为什么要点水？ ······························ 106

76.为什么人们总说蜜蜂辛勤？ ························ 108

77.为什么黄蝶飞入黄色油菜花丛躲避追捕？ ············ 109

78.为什么鲤鱼会半夜涌上溪头浅滩？ ·················· 110

79.龟为什么能长寿？ ································ 111

80.为何有"春江水暖鸭先知"之说？ ·················· 113

81.人们为什么把海鸥看作天气"预报员"？ ············ 114

82.杜鹃为什么要借巢生子？ ·························· 115

83.为什么燕子会秋去春来呢？ ························ 116

84.人们为什么喜爱画眉鸟？ ·························· 118

85.喜鹊真的会报喜吗？ ······························ 119

86.为什么蝙蝠在夜间出没? ·· 120

87.人为什么会生病? ·· 121

88.人为什么会口渴? ·· 123

89.为什么吃饱了还会饿? ·· 124

90.人为什么会长寿? ·· 126

91.人为什么会愁秋呢? ·· 128

92.人为什么会记得或忘记梦的内容? ······························· 129

第五章　挖掘物理真相

93.为什么白居易说露似珍珠? ·· 132

94.为什么说站得高看得远? ··· 133

95.为什么淘金女在江边淘金? ·· 134

96.为什么我们看到的桃花是红色的? ·································· 135

97.为什么孟浩然在瀑布下看到了彩虹? ····························· 137

98.为什么李白看到香炉峰升起了紫烟? ····························· 138

99.为什么能够看到星星眨眼? ·· 140

100.为什么人会有影子? ·· 141

101.李白为什么说"对影成三人"? ·· 143

102.为什么朝霞晚霞是红色的? ·· 144

103.为什么清澈的池水比目测要深呢? ·································· 145

104.江水为什么是蓝色的? ·· 147

105.为什么李白看见了"空中楼阁"? ····································· 148

106.为什么太阳也有不圆的时候? ·· 149

107.为什么月亮落在了诗人手捧的水中? ······························ 150

108.为什么鹊声能够穿过枝叶? ·· 152

109.为什么说声音在夜间传得远？ ·· 154

110.为什么鸟儿能发出不同的鸣叫声？ ································ 155

111.为什么刚下雪的时候非常安静？ ···································· 156

112.为什么积雪能发出各种声音？ ······································ 157

113.为什么古时候士兵要头枕箭筒睡觉？ ···························· 159

114.为什么琵琶有"中空"的肚子？ ···································· 160

115.为什么我们听到的钟声并不总是一致的？ ···················· 162

116.为什么人们总是先看到闪电后听到雷声？ ···················· 163

117.为什么我们不能像鱼一样分辨水面上的情况？ ·············· 164

118.为什么海水不容易结冰？ ·· 166

119.为什么李白说"两岸青山相对出"？ ···························· 167

120.为什么帆船能够逆风前进？ ·· 168

121.为什么扇扇子能够使我们感到凉快？ ···························· 170

122.走马灯为什么能"自行"转动？ ···································· 171

123.为什么衣结能打得牢固？ ·· 172

124.车轮为什么都是圆形的？ ·· 173

第六章　破译化学密码

125.为什么爆竹会"噼啪"响？ ·· 176

126.为什么焰火能"开"出五颜六色的花？ ·························· 177

127.为什么能够用火焰的颜色判断温度？ ···························· 178

128.为什么掺进泥和水的煤会越烧越旺呢？ ························ 180

129.蜡烛为什么会"落泪"？ ·· 182

130.火焰为什么总是向上蹿？ ·· 183

131.为什么夏夜的坟地常见"鬼火"？ ································ 185

132.为什么能在河底沙中淘金? ………………………………………… 186

133.珍珠为什么会发光? ……………………………………………… 187

134.为什么珍珠会化成"血"? ……………………………………… 189

135.人们为什么开始炼铜? …………………………………………… 190

136.为什么炼铁出现在炼铜之后? …………………………………… 191

137.为什么在古代银比金贵? ………………………………………… 193

138.为什么古时候人们用银制品盛食物和疗伤? …………………… 194

139.为什么古人酿酒离不开粮食? …………………………………… 195

140.人为什么会喝醉? ………………………………………………… 196

141.为什么说人不可一日无盐? ……………………………………… 198

142.为什么白糖比红糖纯度更高? …………………………………… 200

143.为什么鱼有腥味? ………………………………………………… 201

144.为什么茶能提神? ………………………………………………… 202

145.为什么桃、杏等的仁儿不能生吃? ……………………………… 204

146.为什么烧烤食物不宜多吃? ……………………………………… 205

147.为什么大气中的氧气不能过多? ………………………………… 206

148.为什么纸张中充满了纤维素? …………………………………… 207

第一章　探寻宇宙奥秘

DIYIZHANG　TANXUN YUZHOU AOMI

1.为什么我们仍然不知道宇宙有多大？

天高地迥，觉宇宙之无穷。

——（唐）王勃《滕王阁序》

【译文】

天高地大，让人感到宇宙天地无穷尽。

古人所能了解到的宇宙与我们今天的了解程度不可同日而语，但不得不说，他们已经觉察到了宇宙之大。那么，宇宙到底有多大？直到今天，我们依然没有定论。因为神秘的宇宙中心我们至今依然没有找到。

宇宙大爆炸假说是目前最为广泛认可的，在此假说基础上，科学家在寻找宇宙的中心。宇宙有中心吗？有一个被所有的星系包围在中间的中心点吗？

看起来应该存在这样的中心，但是实际上它并不存在。因为宇宙的膨胀一般不发生在三维空间内，而是发生在四维空间内的，它不仅包括普通的三维空间（长度、宽度和高度），还包括第四维空间——时间。描述四维空间的膨胀是非常困难的，不过我们也许可以通过气球膨胀的模型来解释它。

我们可以假设宇宙是一个正在膨胀的气球，而星系是气球表面上的点，我们就住在这些点上，准确地说我们把自己描述为一

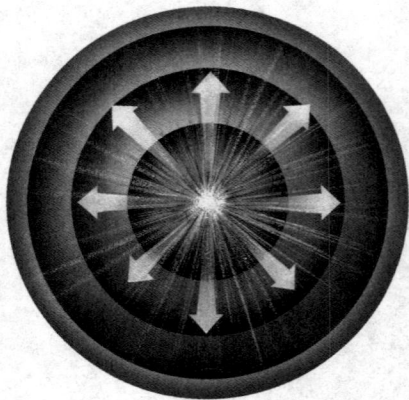

创世大爆炸示意图

约150亿年前，宇宙经过一次巨大的爆炸（即"创世大爆炸"），开始了它膨胀和变化的过程，而这种膨胀和变化至今仍在继续进行着。经过千百万年之久的变化，星系、恒星以及我们今天所知道的宇宙逐渐形成。

个二维空间的人。我们还可以假设星系不会离开气球的表面，只能沿着表面移动而不能进入气球内部或向外运动。如果宇宙不断膨胀，也就是说气球的表面不断地向外膨胀，则表面上的每个点彼此离得越来越远。其中，某一点上的某个人将会看到其他所有的点都在退行，而且离得越远的点退行速度越快。

现在，假设我们要寻找气球表面上的点开始退行的地方，那么我们就会发现它已经不在气球表面上的二维空间内了。这是怎么回事呢？原来，气球的膨胀实际上是从内部的中心开始的，是在三维空间内的，而我们是在二维空间上，所以我们不可能探测到三维空间内的事物。同样的道理，宇宙的膨胀是在四维空间内开始的，而我们只能在宇宙的三维空间内运动，无法确定四维空间的中心。宇宙开始膨胀的地方是在过去的某个时间，即亿万年前，因此即便我们可以看到和获得有关信息，但我们却无法回到那个时候了。

2.为什么银河系是人类的宇宙家园？

如今直上银河去，同到牵牛织女家。

——（唐）刘禹锡《浪淘沙》

【译文】

现在可以沿着黄河直上银河去，我们一起去寻访牛郎织女的家。

刘禹锡这首诗其实是借直上银河，同去牛郎织女家之意，寄托了心底对宁静的田园牧歌生活的憧憬。牛郎织女的传说大家一定很熟悉：私自下凡的仙女（织女）与凡人牛郎相爱并结成了夫妻。王母娘娘知道后，用发钗在天空划了一条天河，将牛郎和织女永远隔开，这条天河就是银河。而对于这条天河（银河）你是否熟悉呢？

其实，银河只是银河系的一部分，银河系中还包括许多星团、星际介质和星云。我们肉眼看见的所有恒星，以及许许多多因为太远太暗而肉眼看不见的恒星，包括太阳和太阳系在内，都属于这个巨大的恒星系统——银河系。

银河系侧视图：从侧面看，银河系像中间有突起的扁平盘，周围是一个巨大的球形区叫银晕，标记出银河系还是一个球状气体时的原始范围。银晕包括球状星团和暗物质。

如此说来，银河系是我们在宇宙中的家园。正所谓"不识庐山真面目，只缘身在此山中。"我们身处银河系之中，因而会以为银河系只是一条绵延天空一整周的淡淡发光的带。那么，银河系到底有多大呢？我们已知的银河系是一个由大约2000亿颗恒星组成的旋涡星系，它的形状很像两片合在一起的铜钹，中间厚、四周薄。这个"铜钹"可大得很，它的直径大约有10万光年。10万光年有多远？一光年约为94，605亿千米，那么，银河系有多庞大你就可想而知了。

3.天上的星斗为什么会变动位置？

闲云潭影日悠悠，物换星移几度秋。

——（唐）王勃《滕王阁诗》

[译文]

闲淡的云，深潭的影，时光就这样悠然逝去；事物变化，星辰移转，谁知道经过了多少个春秋？

在远古的时候，人们就注意到天上许多星星的相对位置不是恒定不变的。那么，我们就以中国广大地区常年可见的北极星为例解释一下。北极星现在处在很靠近地球北极所指向的天空，因此，看起来它总在北方天空。也正是因为它所处的位置重要，才大名鼎鼎。

北极星属于小熊星座中最亮的恒星，也叫小熊座α星。根据物体总是运动的原理，我们得出结论：小熊座α星不可能永远享受北极星的尊称，而且，地球自转轴的北极也不会永远指向这颗星。

可这是什么原因造成的呢？原来，地球自转轴是周期性缓慢摆动的，因此，地球自转轴北极指向的天空位置自然也是变动的。可见，北极星的"宝位"也是轮流坐庄的。

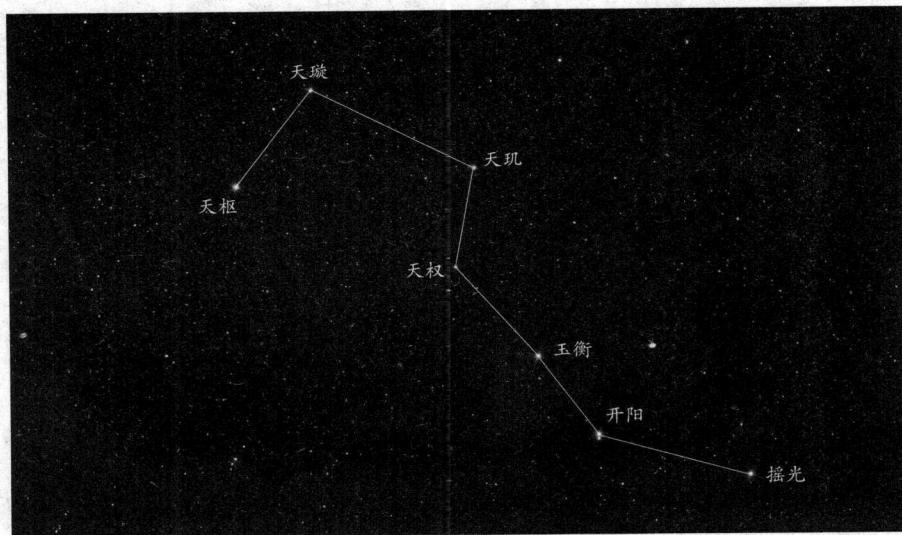

北斗是由天枢、天璇、天玑、天权、玉衡、开阳、摇光七星组成，古人把这七星联系起来想象成为古代舀酒的斗形。将天璇、天枢两颗星相连并延长约五倍远，就可以找到北极星。

经过天文学家计算可知，5000年前，北极星不是现在的小熊座α星，而是天龙座α星。到公元1000年，也就是北宋初年，地球北极指向的天空离现在的北极星——小熊座α星的角距还有6°。可见，那时它还远远不能做北极星。现在，地球自转轴北极指向的天空离小熊座α星的角距只有约1°。目前，地球自转轴北极指向的天空正以每年15″的速度接近小熊座α星。到公元2100年前后，地球自转轴北极指向的天空和小熊座α星之间的角距最小，仅有约28′。到那时，它的"地位"才几近达到北极星的准确位置。我们不得不佩服古人的智慧，在科技还不甚发达的年代，他们已经观测到了许多宇宙天相的变化。

4.为什么织女星在秋天最明亮?

天阶夜色凉如水，坐看牵牛织女星。

——（唐）杜牧《秋夕》

【译文】

宫中的台阶，夜晚冰凉如水，坐着遥望天上的牵牛星和织女星。

杜牧的这句诗写的是宫女秋夜纳凉的情景，这也正是织女星最明亮的季节。首先，我们先来看一下织女星及常与之相伴出现的牵牛星，它们都与银河不无关系。

织女星坐落在银河西岸，而在织女星的东方，有白蒙蒙像云一样的一片，断断续续从北到南横过天空，这就是银河，银河的东南面有排成一条直线的三颗星。中间最耀眼的一颗即是牵牛星，它不及织女星亮，但比周围的星都要亮得多。其实，牵牛星、织女星都是和太阳一样的恒星，而牵牛星的光辉是太阳的10倍，织女星的光辉是太阳的50倍。但我们从地球上看去，它们只不过是天

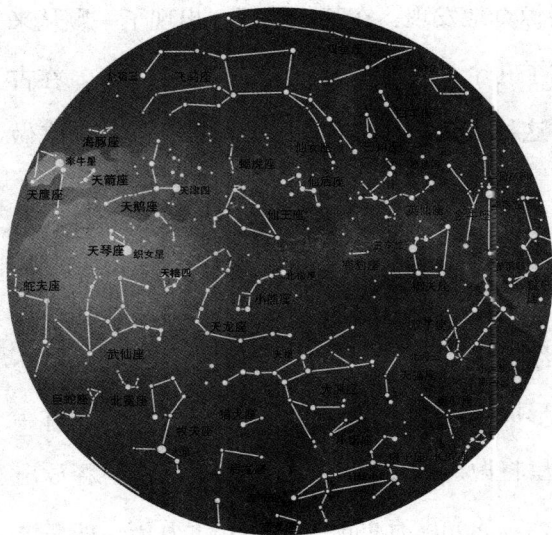

北半球星座位置图

从图中左半部分，我们可以清楚地看到天琴座的织女星、天鹅座的天津四及天鹰座的牵牛星。

空中两颗比较大的星星，原因是它们离我们身处的地球距离太遥远了。

之所以说秋季是织女星最明亮的季节，因为夏末秋初之际，是我们看到银河系"夏季大三角"的时节，它是由从北偏东地平线向南方地平线延伸的光带——银河和3颗亮星（即天琴座的织女星、天鹅座的天津四及天鹰座的牵牛星）所构成的，这是银河系一年中最明亮壮观的时节，因而也是包括织女星在内的3颗星最明亮的季节。

值得一提的是，我们前面讲过了"斗转星移"，织女星也在"移动"，到公元14000年前后，织女星将变成一颗大名鼎鼎的恒星——北极星，那时，织女星的"地位"会远远超过牵牛星。

5.李白为什么将星星称为"客星"？

客星动太微，朝去洛阳殿。

——（唐）李白《酬张卿夜宿南陵见赠》

【译文】

客星（李白）移动到了太微（长安）的位置，在东都洛阳朝见了皇上。

有时候，遥望星空，你可能会惊奇地发现：在某一星区，出现了一颗从来没有见过的明亮星星！然而仅仅过了几个月甚至几天，它又渐渐消失了。在古代，人们就已注意到了这种现象，这种星被称为"客星"——即一颗"前来做客"的恒星。

人们看见这些突然出现的星星，曾经一度以为它们是刚刚诞生的恒星，所以取名叫"新星"。其实，它们不但不是新生的星体，相反，是正走向衰亡的老年恒星。它们就是正在爆发的红巨星——当一颗恒星步入老年，它的中心会向内收缩，而外壳却朝外膨胀，形成一颗红巨星。红巨星很不稳定，总有一天会猛烈地爆发，在大爆炸中，恒星将抛射掉自己大部分的质量，同时释放出巨大的能量。这样，在短短几天内，它的光度有可能将增加几十万倍；如果恒星的爆发再猛烈些，它的光度增加甚至超过1000万倍，这样的恒星叫作"超新星"。也就是说，李白诗句中的"客星"是一颗"新星"或者"超新星"。

目前，太阳正处在青壮年阶段（主序星阶段），它发光非常稳定，光度几乎不会发生变化，但当核心的氢燃料耗尽，步入中老年之后，它的光度就难以再维持恒定了。随着时间推移，太阳会进入一个奇特的阶段（即动荡不安的红巨星阶段），它们的光度会由强到弱，再从弱到强循环反复。

6.天狼星真的是一颗孤独的星吗？

会挽雕弓如满月，西北望，射天狼。

——（宋）苏轼《江城子·密州出猎》

【译文】

我将使尽力气把雕弓拉得像满月一样，朝着西北瞄望，奋勇射杀侵犯的敌人。

两个天体组成的星系（天体一大一小）

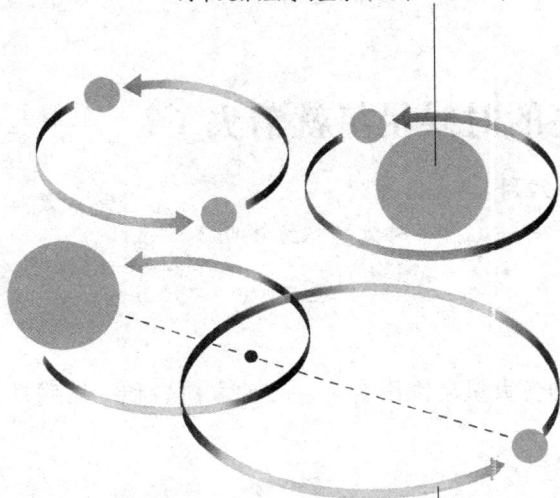

双子星围绕同一个
重力中心旋转

我们的银河系中约有一半天体是双子星，它们围绕着同一点或同一中心转动。

天狼星听上去就给人一种孤独、难测的感觉，古代人们更是将天狼星看作是"野将，主侵掠"。苏轼词句的"天狼"则是用来比喻侵犯北宋边境的辽国与西夏，而"射天狼"则抒发了他杀敌报国的壮志。

看来，在科技不发达的年代，古人就已经知道了天狼星的存在。天狼星在哪里呢？冬季星空，从猎户座三星向东南方向看去，一颗全天最亮的恒星（比太阳还要亮25倍）在那里放射着光芒，它就是天狼星，也叫大犬座α星。而且，19世纪，天文学家还用望远镜观测到，它并不像人们想象得那么孤独，它还有一颗伴星——天狼伴星β（一颗暗白矮星）。这意味着，天狼星实际上是一个双星系统。

其实，这个双星系统就像一对"双胞胎"一样，在宇宙中相伴相生存在了约二亿至三亿年之久。这个双星系统一开始是由两颗蓝色的亮星组成的，可是后来，更高质量的天狼星β耗尽了能源，成为一颗红巨星，然后又渐渐削去外层，约在一亿二千万年前坍塌成为今天的白矮星状态。这就是说，暗淡的天狼伴星β很容易被亮度极高的天狼星所湮没，这也是人们一直难以观测到它的原因。

那么，人们最终是如何观测到它的呢？原来，通常情况下，恒星的运动轨迹都是平直的，而天文学家观测到天狼星的运动轨迹却是波浪状的，这引起了人们的好奇。经过研究，人们发现，这是由另一颗星缠绕所造成的，它就是天狼伴星β。

7.为什么天快亮的时候星星就消失了?

东方半明大星没，独有太白配残月。

——（唐）韩愈《东方半明》

【译文】

东方的天还只是微明，天上的各大星星都没有了，唯独太白星和一轮残月还挂在天空中。

提到星星，我们就会想到夜晚，其实，星星绝大部分都是和太阳一样的恒星，时刻都在散发着光和热，那么为什么我们在白天看不到星星呢？那是因为太阳发出的一部分光线，被地球周围的大气层散射开来，把天空照得十分明亮，我们就看不到星星了。只有在太阳下山以后，天空黑洞洞的，我们才能看到星星。这也就是韩愈诗句中说"东方半明大星没"的原因。

"独有太白配残月"是诗人在描述金星（中国民间也称其为"太白金星"）是每天早上最后隐没的那颗最亮的星。古人之所以能够用肉眼看到它，是因为金星是离地球最近的一颗行星，它是全天中除太阳外最亮的星球（金星的周围被浓密的大气包围着，这层大气可把75%以上的日光反射掉，而且主要反射的是红色光与橙色光，因此，金星表面看起来金光闪闪）。而且，它时而出现在黎明的霞光中，时

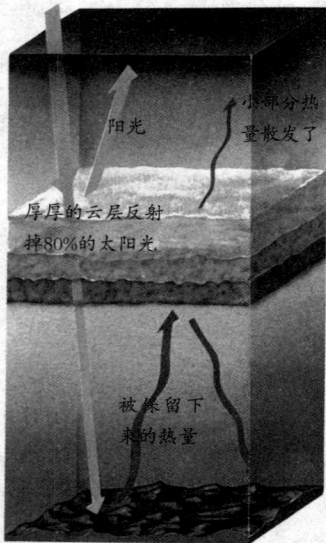

阳光

小部分热量散发了

厚厚的云层反射掉80%的太阳光

被集留下来的热量

金星大气层示意图

金星不是离太阳最近的行星，却是最热的行星。因为它厚厚的大气层有效地留住了太阳辐射的热量。

而又沐浴在落日的余晖里，古人曾一度以为它是两颗星，并分别将它们称为"晨星"和"昏星"。直到人们通过天文望远镜观测后，才发现其实它们是一颗星。

8.为什么杜甫说参商星辰不相见？

人生不相见，动如参与商。

——（唐）杜甫《赠卫八处士》

【译文】

世间的挚友真难得相见，就好似此起彼落的参商星辰。

杜甫在这里讲的就是金星，上文中我们已经讲过，当时天文知识不发达，古代人一度以为金星是"晨星"和"昏星"两颗星，杜甫这句诗也是基于此见解而写的。

古时候，"晨星"和"昏星"还有另一组名字——即"参"和"商"。人们发现，"商"是傍晚西方天边最早升起的星，而"参"是每天早上最后隐没的星，它们好像永远互相追逐，但却不能见面，于是古人传说它们是兄弟二人，因为不合而大动干戈。所以上天把他们一个变作参星，一个变作商星，彼此永不相见。因此，杜甫在这里用"参与商"呼应"不相见"。

现在，随着科技不断进步，我们不但知道了"参商"就是金星，而且还知道了关于金星更多的秘密。如，金星一直被人们称为地球的"姐妹星"，确实，从结构上看，金星和地球有不少相似之处：其半径为6073千米，几乎与地球半径（6373千米）一样长；体积是地球的0.88倍，质量为地球的4/5，平均密度略小于地球。那么，金星是否也具有与地球一样的环境，是否有生命存在呢？经探测，两者的环境有着天壤之别：金星表面的六气压约为地球的90倍（相当于地球上水深1000米的大气压，即100多个大气压力。以小鱼为例，这就是说，在我们人手指甲那么大小的面积上，它时时刻刻都在承受着100千克的压力）和严重缺氧等残酷的自然条件，根本不适合生物体生存。因此，至今仍没有发现生命迹象。

9.冬至日过后为什么太阳升高了？

天时人事日相催，冬至阳生春又来。

——（唐）杜甫《小至》

［译文］

天时人事，每天变化得很快，转眼又到冬至了，过了冬至白日渐长，天气渐渐回暖，春天即将回来了。

"冬至阳生"也即是"冬至阳升"，这个纯科学结论通过艺术家天才的转换，巧妙地写进诗中。这句诗意境美丽、观点科学，非常难得。早在二千五百多年前的春秋时代，中国就已经用土圭观测太阳，测定出了冬至，它是二十四节气中最早制订出的一个，时间在每年的阳历12月21日至23日之间，这一天是北半球全年中白天最短、夜晚最长的一天。

现代天文科学测定，由于太阳直射点在地球上南北回归线之间来回移动（也就是说南北回归线是太阳在南北半球能够直射到的最远位置），引起了正午太阳高度的周年变化。北半球冬至日时，太阳直射南回归线（又称为冬至线），北半球各地在一年中正午时与太阳直射点的纬度差最大，正午太阳高度达到一年中最小值。冬至日以后，太阳直射点北移，其以北各地正午时与太阳直射点的纬度差逐渐变小，正午太阳高度逐渐增大。

其实，按理来说，冬至过后虽然太阳高度逐渐增大了，昼渐长、夜渐短，但是在短期内仍然是昼短夜长，地面每天吸收的热量，还是比散失的热量少，所以气温并没有立即回升之势。因此民间有"数九"的习俗，即每九天为一个"九"。"三九"前后，地面积蓄的热量最少，天气也最冷，所以说"冷在三九"。那么，为什么杜甫却说春又来呢？这与诗人当时所处的地理位置有很大关系，这首诗是诗人在夔州（今天重庆市奉节）写的，这里位于四川盆地东部，与同纬度地区相比，年平均温度明显偏高，尤其冬季，由于冷空气受北方秦岭大巴山阻挡，四川盆地冬季平均温度比长江中下游地区高许多，与广东北部相当，有春早、冬暖的特点，因此，诗人感觉春又来就很容易解释了。

10.太阳泽被万物的能量来自哪里？

接天莲叶无穷碧，映日荷花别样红。

——（宋）杨万里《晓出净慈寺送林子方》

〔译文〕

莲叶接一望无际，一片碧绿，阳光下荷花分外艳丽鲜红。

我们常说"万物生长靠太阳"，如果没有太阳，我们根本不可能欣赏到杨万里诗句中"莲叶""荷花"这样的美景，而且将终年生活在黑暗和寒冷之中，这是多么地可怕呀！

确实，地球上的一切生物包括人类的生长都离不开太阳的光和热，那么，太阳的能量有多大呢？太阳的每平方米面积，就相当于一个85000马力的动力站。如果我们在太阳的表面覆盖上一层12米厚的冰壳，那么只要1分钟，太阳发出的热量就能把这层冰壳完全融化掉。太阳居然能有这么巨大的能量，而且持续散发了如此漫长的岁月也没有什么减弱，它的光和热究竟是从哪里来的呢？

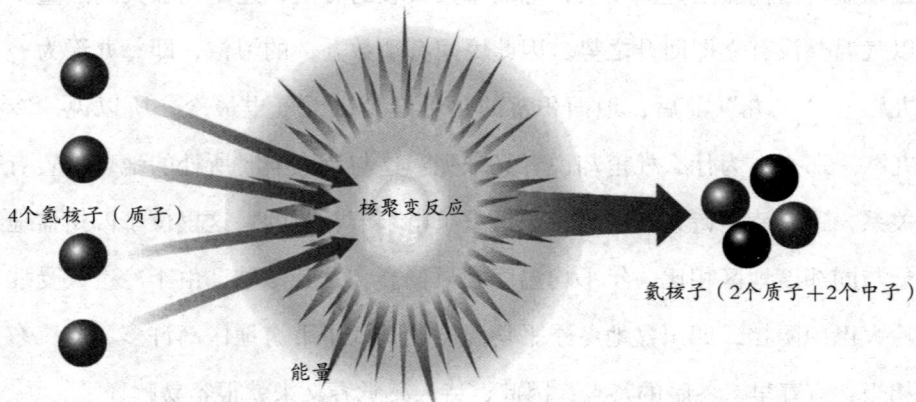

太阳内部氢的核聚变反应示意图

原来，太阳的能量实际上来自太阳的内部。太阳内部可以说是由无数原子核组成的，它的内部含有极为丰富的氢元素，在太阳中心的高温（摄氏1500万度）和高压条件（在太阳内部，压力是大气压的500亿倍，如此大的压力能把0.5千克重的物质压成针尖大小，而这针尖大小的物质产生的能量又足够让远在1600千米处的人立即烧焦）下，这些氢原子核互相作用，释放出大量的光和热。也就是说，在太阳内部不断进行的氢转变为氦的热核反应，太阳核心内部进行着4个氢原子核（质子）聚变成1个氦原子核（粒子）的过程，同时放出大量的能量，像氢弹爆炸一样。这就是太阳源源不断的能量源泉所在。

11.我们看到的星光为什么都是白色的？

天远星光没，沙平草叶齐。

——（唐）李贺《送秦光禄北征》

【译文】

在遥远的天边，星光已经看不见了，大风吹平了黄沙，吹得草叶一般齐。

古诗中描写星光的不在少数，然而，想到星光，你可能会想到仰望星空时，星光都是白色的，但它们并不都是白色的，这是星星距离我们非常遥远而造成的假象。其实，星星还有红色、蓝色等颜色。

星星也就是恒星，它们发光是因为恒星内部发生着激烈的氢氦反应。因为各个恒星的密度、质量和所含的元素都不尽相同，所以在它们进行化学反应的时候就会发出不一样的颜色。一般说来，恒星表面的温度越低，它的光越偏红；温度越高，光则越偏蓝。比如，星星发红色光，它的表面温度为2600~3600℃；星星发白色光，它的表面温度很高，可达11500℃以上；星星发蓝色光，它的表面温度为25000~40000℃。

不但颜色不同，恒星的亮度相差也很大，为了表示恒星的亮度，在公元前2世纪，希腊天文学家依巴谷就把肉眼能见的星星分成了6个等级，最亮的星为1等，最暗的星为6等。这种星等划分，19世纪在数学上被严格化，即确定1等星比6等星亮100倍。同时，利用这一数学关系，把比1等星更亮的天体定为0等、–1等……，而把比6等星更暗的天体定为7等、8等……例如，太阳的星等为–27等，满月时的月球为–13等。

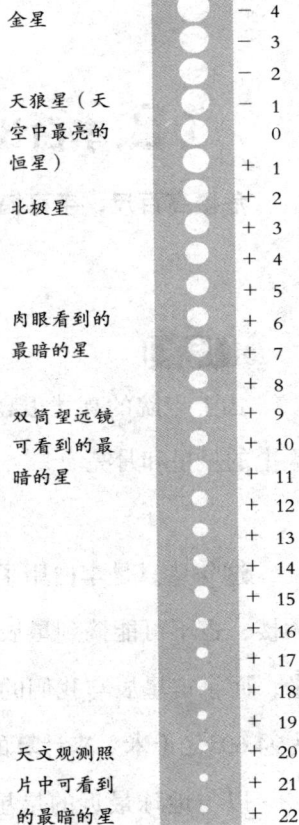

金星		— 4
		— 3
		— 2
天狼星（天空中最亮的恒星）		— 1
		— 0
北极星		+ 1
		+ 2
		+ 3
		+ 4
		+ 5
肉眼看到的最暗的星		+ 6
		+ 7
		+ 8
双筒望远镜可看到的最暗的星		+ 9
		+ 10
		+ 11
		+ 12
		+ 13
		+ 14
		+ 15
		+ 16
		+ 17
		+ 18
		+ 19
天文观测照片中可看到的最暗的星		+ 20
		+ 21
		+ 22

星等比例示意图

天文学家用星等来衡量恒星的亮度，星等数越小，其亮度越大。非常亮的星的星等是负的。在一个漆黑的夜晚，用肉眼可看到的最暗的星的星等数是6。

12.李白说的"手可摘星辰"是真的吗?

危楼高百尺,手可摘星辰。

——(唐)李白《夜宿山寺》

【译文】

山上寺院的高楼很高,有一百尺的样子,好像人在楼上一伸手就可以摘下天上的星星和月亮。

这句诗只是李白用了夸张的手法,极写楼之高。其实,即便是今天的摩天大楼,也不可能摘到星辰。因为全宇宙中数光跑得最快,一秒钟就能跑30万千米,而宇宙星辰与我们的距离是用光年(光行走一年的距离是"一光年",约为94,605亿千米)来计算的。

以与地球最近的星星——金星为例,它离地球最近时也有4000万千米,试想,即使是光速的话,也得跑2分钟多。何况,达到光速只是一个理论上的可能性。目前,飞行探测器到达金星尚需4个月的时间(速度至少为7.9千米每秒),又怎么能"手可摘星辰"呢?

而且,你知道吗?你看到的星星不仅仅是"摘"不到,说不定它都已经不存在了。这又是从何说起呢?由于光从一个物体运行到我们的眼睛需要时间,所以我们总是看到事物过去的样子,而永远不能看到它现在的样子。通常情况下,这并不重要。比如你看到一个人穿过马路,其实,你正在看的是一亿分之一秒之前的他,如此细微的差别可以忽略不计,因此也可以说是现在。然而,一旦你的视线离开地球开始转移到天体上,这种情况就值得关注了。如,现今观测到的最远星系,离地球约131亿光年,实际上我们观测到的是131亿年以前的星系模样，也许现在它已经消失了。

13.苏轼为什么说"月有阴晴圆缺"？

人有悲欢离合，月有阴晴圆缺。

——（宋）苏轼《水调歌头》

【译文】

人有悲欢离合的变迁，月有阴晴圆缺的转换。

这句诗中苏轼因中秋望月引发了思念胞弟苏辙的情愫，化景物为情思。这不只是他对于人世变迁的感慨，还阐述了古今宇宙流转的奥秘。月球圆缺（盈亏）的各种形状叫作月相，月相产生的原因主要有两个：一是月球本身不发光，而是反射太阳的光；二是月球在绕地球公转的同时，还随地球绕日运转，日、地、月三者的相对位置不断变化。因此，在地球上所见到的月球明亮部分的形状也在不断地变化，从而产生了不同的月相。

月相共划分为八种，它们都有明确的发生时刻，以下介绍四种主要月相：新月（农历初一日）、上

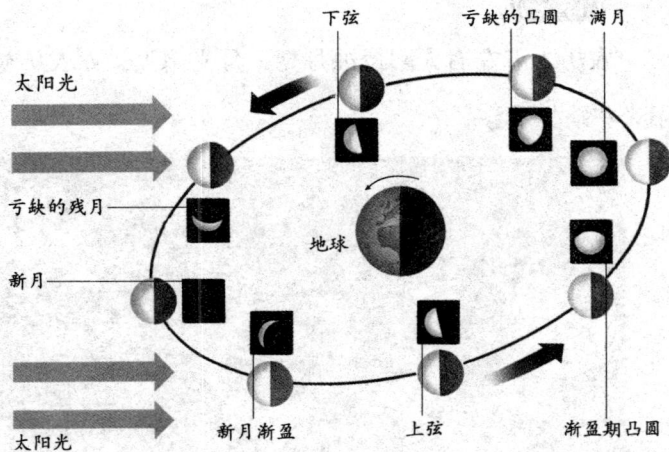

月相变化图

图中的中心天体是地球，外圈表示月球在公转轨道上的不同位置。无论月球在哪一个位置，总是一面亮，一面暗。月球轨道内框中显示人们在地球上看到的月相。

弦（农历初八左右）、满月（农历十五日左右）、下弦（农历二十三左右）。这些都是经过精密的轨道计算——日月黄经差（月亮与太阳相对位置的不同）度数得出的。

当日月黄经差为0°，即称朔或新月，这时月球以黑暗面朝向地球，且与太阳几乎同时出没，故地面上无法见到；当黄经差为90°时，称上弦月，半月形出现在上半夜的西边夜空中；当黄经差为180°时，即是望或称满月，一轮明月整夜可见；而当黄经差为270°时是下弦月，只在下半夜出现于东半天空中。这种朔望盈亏的变化也就是苏轼在诗中所说的"阴晴圆缺"。

14.月食日食是如何出现的？

望日蚀月月光灭，朔月掩日日光缺。

——（唐）卢仝《月蚀诗》

【译文】

农历十五左右太阳侵蚀月亮，月光熄灭；而农历初一，月亮遮掩太阳，太阳光芒缺少了。

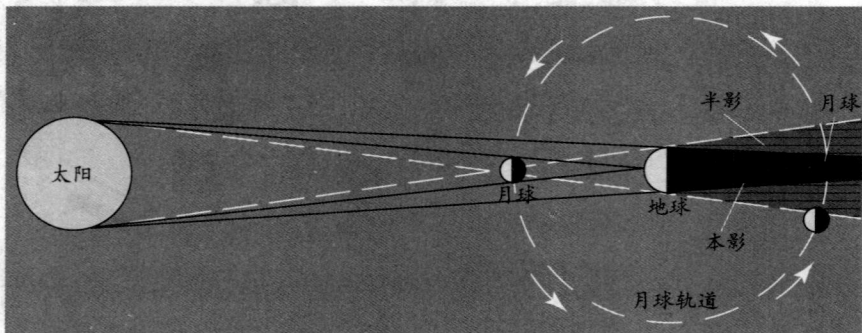

食与日、月、地的关系

　　根据现代科学观察得知：一年之中，食最少发生两次，而且均为日食。最多会发生7次，5次日食、2次月食。最近一次发生7次食的年份是1935年，下一次则是2160年。

卢仝的诗句不但反应出古代人们对日、月食自然现象的强烈关注，而且还反应了在科技不发达的年代人们已经对这些现象有了科学的认识，这是非常难得的。地球是围绕着太阳转的，月亮是围绕着地球转的，而地球、月亮又是不停自转的，于是，月亮、地球、太阳三者之间的位置是不停变化的。

月食发生在每月十五左右的满月时。当地球处于背对太阳的方向时，会出现一条阴影，称为本影。月球在环绕地球运行过程中有时会进入本影，这时就发生了月食现象。如果月球整个都进入本影时，为月全食（月亮完全被遮住），也就是诗句中所说的"望日蚀月月光灭"；如果只是一部分进入本影时，则为月偏食（月亮有一部分被遮住）。

相反，日食发生在新月时，也就是农历初一左右。当发生日食时，月球正运行在地球和太阳中间，月球椭圆形的影子投影到地球表面。由于地球和月球都在运动，所以月球的影子以很快的速度扫过地球表面。在投影扫过的区域内，人们就可以看到日全食，这也就是诗的后半句"朔月掩日日光缺"。扫过的这片长条形区域成为全食带。由于全食带很窄，一般仅200千米左右，所以对于在地球上某一特定区域的人们来说，要约300年才能见到一次日全食。

日食的开始是静悄悄的。在太阳的西边缘，由月影产生一个小小的缺口，这意味着月球已开始侵占太阳表面了。这个小缺口在逐渐增大，直到约一个半小时后，太阳的表面几乎完全被侵占，只剩一条娥眉月形的亮带。以上构成了日食的偏食阶段。接下来直到全食发生的几分钟是很壮观的：气温骤然下降、天空变暗、群星浮现，一切都好像在刹那间安静了下来。

15.月亮为什么能够引发潮水涨落?

春江潮水连海平，海上明月共潮生。

——（唐）张若虚《春江花月夜》

【译文】

春天的江潮水势浩荡，与大海连成一片，一轮明月从海上升起，好像与潮水一起涌出来。

古代许多诗文中都已经有了关于潮汐现象（潮水的周期性涨落）的描写，但那时人们还没有对于这一现象给出科学解释。直到17世纪，科学家们才真正从科学的角度解释，潮汐是在地球自转离心力和月球引力的合力——即引潮力的作用下形成的。

根据牛顿的万有引力定律，离地球相对较近的天体——月球，会对地球产生引力。由月亮引起潮汐称为"太阴潮"。我们知道，地球每天24小时都在不停地自转，由此就会产生惯性离心力，使地球表面的物质"脱离"地球，包括海水。而在这24小时内，地球的每部分都会向月一次、背月一次。向月时，地球受到月球的引力最大，"脱离"地球表面的海水就会向月球移动，形成涨潮。与此

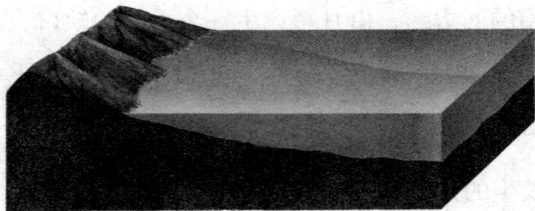

涨潮时，海水会向上、向内陆流去。

退潮时，海水会退却，从海岸撤回。

每24个小时会发生两次潮起潮落。

同时，背月的那一面，由于距离月球的距离较远，海水受到的离心力大于月球引力，于是，大量的海水就会继续背对地球移动，形成涨潮。这就是为什么一天有早晚两次涨潮的原因。而落潮则是由于大量的水向地球面对和背对月球的区域移动时，在两个涨潮区之间形成的。

在一个月中，当日、月、地三者呈90°时，即上弦月和下弦月期间，太阳引力就分散部分月球引力，出现当月最低的高潮和最高的低潮，也就是我们所说的"小潮"。但是，三者一线时，就形成"大潮"：太阳和月球处于地球的同一边（大约为农历初一，即新月），两者引力方向相同，并叠加共同作用在地球上，引发大潮；太阳和月球分别处在地球的两边时（农历十五左右，即望月），向月的一面，月球引力与惯性离心力的方向一致，背月一面，太阳引力和惯性离心力一致，因此同样能够引发大潮。

16.为什么陨石会来到地球？

折戟沉沙铁未销，自将磨洗认前朝。

——（唐）杜牧《赤壁》

[译文]

一支折断的铁戟沉没在水底沙中还没有销蚀掉，经过自己磨洗发现这是当年赤壁之战的遗物。

杜牧的诗句中透露出古人就已经将铁用在了各种工具中，后面我们会讲到由于铁在自然界通常以氧化物的状态存在，不易被人们直接利用。其实，人们最初对于铁的认识来自陨铁——随同陨石而来的铁（铁陨石数量约占陨石总量的6%，主要由铁和镍组成）。从目前掌握的资料来看，每年大约有500块陨石

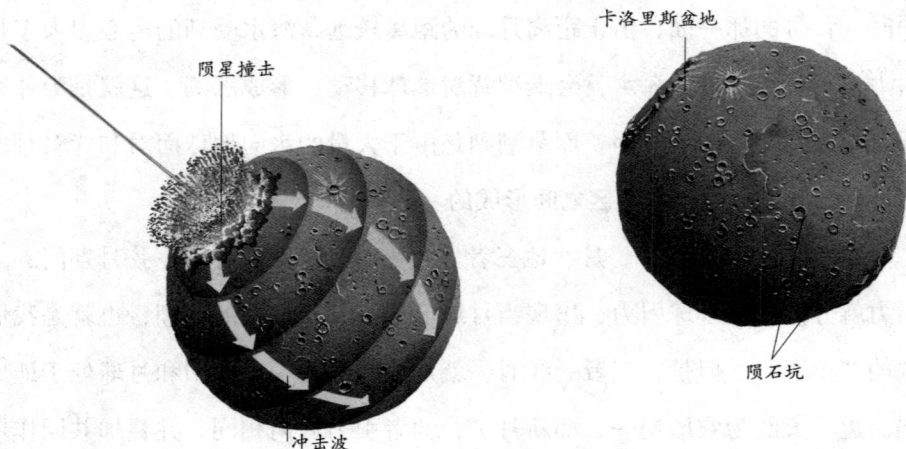

几百万年前，所有的行星都被巨大的陨星撞击过。地球表面的陨石坑因气候影响而逐渐消失。但是水星几乎没有大气层，不能形成自然气候，所以之前形成的陨石坑仍旧保留着，它们几乎布满了整个星球。最大的一个陨石坑叫作卡洛里斯盆地，是一颗巨大的陨星发出的冲击波形成的。

作为天外来客来到地球表面。其中，大部分落到海洋里，大约有150块落在陆地上。那么，陨石是如何来到地球的呢？

通常，陨石被认为是环绕太阳轨道运行的行星彼此碰撞、破裂而形成的碎块。在晴朗的夜晚，可以看到一线亮光划过夜空，瞬间消失，这种现象就是人们常说的流星；它们都是弥漫在宇宙空间中的星际尘埃，如果被地球的引力捕获，吸向地球，便形成陨星；当它们以极快的速度进入地球浓密的大气圈时，大多数陨星与大气发生摩擦、生热、发光而汽化，但仍有一部分残留下来落到地表，成为陨石。大多数陨石是行星最外层破碎而形成的石质陨石。来自行星核部的铁陨石相对较少。

这些天外来客撞击地球表面会留下痕迹——陨石坑，体积大的陨石坠落到地表时，冲击地面的力量是十分巨大的，可以在地表形成火山口形状的陨石坑。这些环形山有时很难确定是火山活动造成的火山口，还是陨石冲击坑。利用深钻和地球物理勘测能提供陨石坑的证据。比如冲击变质的证据，表面陨石冲击的压力远远高于火山爆发所释放的压力；再如陨石坑没有火山根部的物质，可用深部资料把它们区分出来。

第二章　拨开气象迷雾

DIERZHANG BOKA QIXIANG MIWU

17.白居易为什么说雾气"夜半来天明去"？

花非花，雾非雾，夜半来，天明去。

——（唐）白居易《花非花》

[译文]

似花、似雾，夜半时分出现，天明散去。

白居易描写的雾气"夜半来，天明去"的现象在我们生活中也时常会遇到。有时候早晨起来，我们可以看到迷迷蒙蒙的一片大雾，打开窗子，它就会像轻烟一样飘进屋来。可是用不了多久，我们就可以看清窗外的景物了。最终雾散天晴，太阳当空，这就是俗话说的"十雾九晴天"。这种现象是怎么出现的呢？

通常，空气所能容纳的水汽量是有一定限度的，达到最大限度时，就称为水汽饱和。太阳照射地面，地面积累了大量的热，造成水分的蒸发，水汽进入到空气中。由于白天气温高，空气能容纳较多的水汽，因此，空气中的水汽含量比较多。

而傍晚，太阳落山以后，热量就开始向上空散发，接近地面的空气温度也随之降低。天气越晴朗，空中的云量越少，地面的热量散发得越快，空气温度也降得越低。到了后半夜和次日早晨，近地面空气的温度持续降低，空气中不再能容纳那么多的水汽量

冬天早晨的雾

了，一旦空气中的水汽量超过饱和量，多余的水汽就凝结成微小的水滴，分布在低空就形成了阻挡我们视线的雾。

可见，这种雾形成的气象条件是前一天白天和夜间是晴天，第二天很可能仍是晴朗的好天气，在太阳出来后，地面温度升高，空气中容纳水汽的能力又逐渐增大，雾便会逐渐变薄，直至消散。这也是为什么说"十雾九晴天"的原因。

18. 日出时的太阳光为什么是红色的？

太阳初出光赫赫，千山万山如火发。

——（宋）赵匡胤《咏初日》

【译文】

太阳初升，太阳光如火一般汇集成一团喷发出来，映照得千山万山如同火烧一般。

太阳光是最重要的自然光源，它普照大地，因而引来了许多科学家的关注和研究。1666年，英国的科学家萨克·牛顿做了人类首次用三棱镜分离太阳光束的实验，并由此证明，太阳的白光是由各种色光组合而成的。

太阳光包含了各种波长的光：红外线、红、橙、黄、绿、蓝、靛、紫、紫外线等，靠近红光的光所含热能比例较大，紫光所含热能比例较小。

正如我们所知，太阳发出的光射入大气层时，由于大气层上薄下密，这样光就像从光密介质进入光疏介质，发生了散射。加之空气中飘浮着大量的微尘和极小的水滴，更加强了阳光在地球周围的大气层中受到的散射，那些波长比较短的紫光、靛光、蓝光受到的散射较大，它们混合起来，构成了蔚蓝色的天空。同时，波长较长的红光则不易散射，这样进入人眼的光就是红光。

因此，每当清晨和太阳落山的时候，光线斜穿过厚厚的大气层。在这么长的路程中，波长较短的蓝光大部分被散射

朝霞

掉了，直接射入你眼帘的光，是失去蓝光的日光。所以，太阳看上去已经不是那么耀眼，而变成一个橘红色的大火球。

19.李煜为什么说"春去也"？

流水落花春去也，天上人间。

——（南唐）李煜《浪淘沙令·帘外雨潺潺》

[译文]

流失的江水、凋落的红花跟春天一起离开了，今昔对比，一个是天上一个是人间。

李煜的这句诗道出了自身坎坷，同时也描述了四季的变化。那么，四季是如何变化的呢？四季的形成是地球绕太阳公转的结果。我们知道，地球一直不断自西向东自转，与此同时又绕太阳公转。而地球公转的轨道是一个椭圆的形状，太阳始终位于一个焦点上。地球在不断公转的过程中，地轴与公转轨道始终会保持66°34′的交角，即地球倾斜身子绕太阳公转，使得同一地方不同时间获得太阳热量不同，从而产生了季节变化和热量变化。

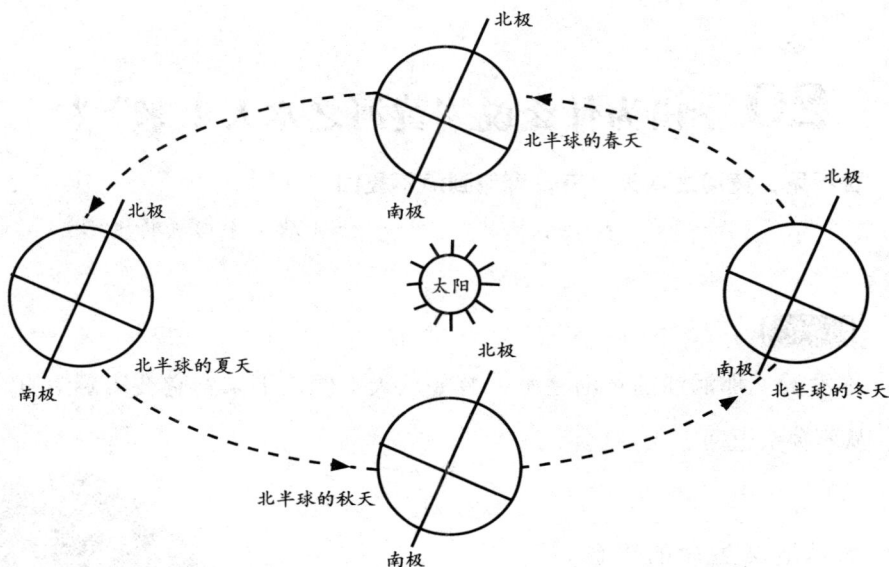

北极

北半球的春天

南极

太阳

北极

北极

北半球的夏天

南极

北极

南极

北半球的冬天

北半球的秋天

南极

由于地轴是倾斜的，地球在绕地轴自转的同时，还要围绕太阳公转，因而产生了四季变化。

每年6月22日前后，地球就位于远日点。太阳会直射北回归线，这一天就是北半球的夏至日。与此同时北半球得到的热量最高，白昼最长，而且气候也炎热，属于北半球的夏季。

此后因为继续在公转轨道上不停运行，太阳的直射点便会南移。到了9月23日左右，太阳就会直射赤道，这一天就是北半球的秋分日。现在南半球以及北半球得到的太阳热量都相等，昼夜平分，是北半球的秋季。

地球继续不断运转，到12月22日左右，地球开始位于近日点，太阳便直射南回归线。这一天就是北半球的冬至日。而此时北半球得到的热量最少，且白昼时间最短，气候也相当寒冷，是北半球的冬季。

太阳直射点北返以后，在3月21日左右，太阳再次直接射向赤道，这一天就是北半球的春分日。这个时候是北半球的春季。

20.李白为什么说"黄河之水天上来"？

君不见，黄河之水天上来，奔流到海不复回。

——（唐）李白《将进酒》

【译文】

你没看见那汹涌的黄河之水，有如从天上倾泻下来？它波涛翻滚直奔东海，从不掉头返回。

水是地球生命的摇篮，人类在生活和生产中都不能缺少水。这里的水主要是指地表水——存在于地球表面的一切水体，以液体和冰、雪之固体状态分布于海洋、湖泊、河流和陆地上，它构成了地球上重要的水圈。

自然界的水在水圈、大气圈、岩石圈、生物圈四大圈层中通过各个环节连续运动的过程叫水循环。简单地说，因为有了水循环的作用，才能把各个特征不同的水体联系起来形成水圈。如此看来，水循环意

水循环示意图

1.太阳辐射使水分从海洋和陆地表面蒸发，变成水蒸气，成为大气组成的一部分；

2.水分从植物表面散发变成水汽，成为大气组成的一部分；

3.水汽随着气流从一个地区到另一地区，或从低空到高空，变成云；

4.云承载的重量太大时，大气中的水汽在适当条件下凝结，并在重力作用下以雨、雪和冰雹等形式降落；

5.降水在下落过程中，除一部分蒸发返回大气外，另一部分经植物截流、填洼等形式滞留地面，并通过不同途径形成地表径流和地下径流，汇入江河湖海。

义重大。那么，水循环是怎样进行的呢？

水蒸发进入大气，又在适当条件下降水回到地面和海洋。地面降水的一部分汇集于江河湖泊，另一部分渗入地下，最后都流入海洋，这构成了水的循环过程。知道了什么是水循环，我们也就明白了李白这句诗中"天上来"、"奔流到海"其实讲的就是一个水循环的过程。

可以说，正是由于有了水的存在，才使地球不同于其他行星；也正是由于自然界的水处于不断地流动和循环状态，才使生物生长有了适宜的供水条件。因而，水循环是地球上最重要的物质能量循环之一。

21.为什么云会形成不同形状？

岭上白云朝未散，田中青麦旱将枯。

—— （唐）白居易《岭上云》

【译文】

山岭上的白云到早晨还没有散去，田中的青青麦苗干旱得将要枯萎。

空气从地面上升，在上升过程中气压降低，体积膨胀，如果上升空气与周围没有热量交换，由于膨胀消耗能量，空气温度就要降低，这种温度变化称为绝热冷却。根据计算，在大气中空气每上升100米，因绝热变化会使温度降低1度左右。我们知道在一定温度下，空气中容纳水汽有一个限度，达到这个限度就称为"饱和"，温度降低后，空气中可能容纳的水汽量就要降低。因此，原来没有饱和的空气在上升运动中由于绝热冷却可能达到饱和，空气达到饱和之后过剩的水汽便附着在飘浮于空中的凝结核上，形成水滴。当温度低于摄氏零度时，过剩的水汽便会凝华成细小的冰晶。这些水滴和冰晶聚集在一起，飘浮

天空中不同的云在不同的高度形成。云是由细小的雨滴或冰晶构成的。

于空中就形成了云。

大气中有各种不同形式的空气运动，因而形成了不同形态的云。其中，因对流运动而形成的云有淡积云、浓积云和积雨云等，人们把它们统称为积状云。它们都是一块块孤立向上发展的云块，因为在对流运动中有上升运动和下沉运动，往往在上升气流区形成了云块，而在下沉气流区就成了云的间隙，有时可见蓝天。

积状云因对流强弱不同，它们的云体大小悬殊也很大。如果云内对流运动很弱，上升气流达不到凝结高度，就不会形成云，只有干对流。如果对流较强，可以发展形成浓积云，浓积云的顶部像椰菜，由许多轮廓清晰的凸起云泡构成，云厚可以达4~5千米。如果对流运动很猛烈，就可以形成积雨云，云底黑沉沉，云顶发展很高，可达10千米左右，云顶边缘变得模糊起来，云顶还常扩展开来，形成马鬃状。这里诗人是在盼望雨水的降落，因而也说明这是一块对流运动不够猛烈的浓积云。

22.张继诗句中的"霜满天"确有此现象吗?

月落乌啼霜满天，江枫渔火对愁眠。

——（唐）张继《枫桥夜泊》

【译文】

月亮落下去了，乌鸦不时地啼叫，满天弥漫着霜花，面对岩上隐约的枫树和江中闪烁的渔火，愁绪使我难以入眠。

通过认真分析，可以看出这首诗确有失误的地方。霜是当气温降到零度以下，地球表面的水蒸气经过凝华而结成的。可见霜是地面上形成的，它就不曾到过天上，怎么能说"霜满天"呢？显然诗人张继认为霜和雪一样，都是从天上降落下来的，这就违反了自然规律。

这也就是说，雪是冰晶形式的降水，而霜是由水凝华（当水蒸汽沉积在温度处于冰点或冰点以下的表面上时直接形成）而成的。那么，是不会出现张继诗句中的"霜满天"的现象的。让我们来看一下，霜的形成到底与哪些条件相关呢？

霜的形成不仅和当时的天气条件有关，而且与所附着的物体的属性也有关。当物体表面的温度很低，而物体表面附近的空气温度却比较高，那么在空气和物体表面之间有一个温度差，如果物体表面与空气之间的温度差主要是由物体表面辐射冷却造成的，则在较暖的空气和较冷的物体表面相接触时空气就会冷却，达到水汽过饱和的时候多余的水汽就会析出。如果温度在0℃以下，则多余的水汽就在物体表面上凝华为冰晶，这就是霜。因此，霜总是在有利于物体表面辐射冷却的天气条件下形成的。因而，天空有云对地面物体夜间的辐射冷却是有妨碍的，不利于霜的形成。

此外，风对于霜的形成也有影响。有微风的时候，空气缓慢地流过冷物体

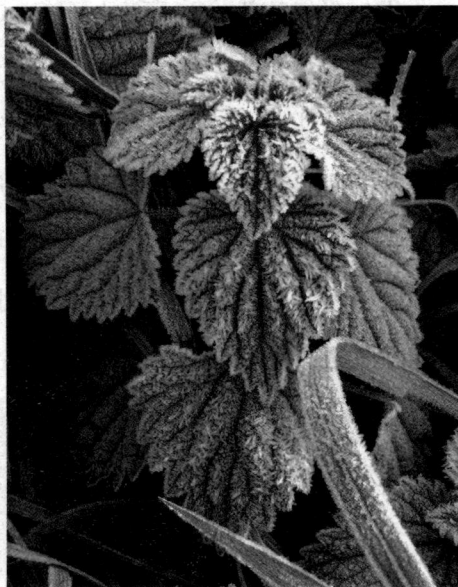

严寒的冬天清晨，户外植物上通常会结霜，这是因为夜间植物散热慢，地表的温度又特别低，水汽散发不快，聚集在植物表面时就结冻了，因此形成了霜。

表面，不断地供应着水汽，有利于霜的形成。但是，风大的时候，由于空气流动得很快，接触冷物体表面的时间太短，同时风大的时候，上下层的空气容易互相混合，不利于温度降低，从而也会妨碍霜的形成。大致说来，当风速达到3级或3级以上时，霜就不容易形成了。因此，霜一般形成在寒冷季节里晴朗无云、微风或无风的夜晚。

23.为什么张旭说走到山中云深处会打湿衣裳？

纵使晴明无雨色，入云深处亦沾衣。

——（唐）张旭《山中留客》

【译文】

即使天气晴朗并无下雨的可能，走到山中云雾深处也会打湿你的衣裳。

清晨，人们在路边的草、树叶及农作物上经常可以看到露珠，露与霜一样，也不是从天空中降下来的。露的形成原因和过程与霜一样，只不过它形成时的温度在0℃以上而已。

在0℃以上，空气因冷却而达到水汽饱和时的温度叫作"露点温度"。在温暖季节里，夜间地面物体强烈辐射冷却的时候，与物体表面相接触的空气温度下降，在它降到"露点"以后就有多余的水汽析出。因为这时温度在0℃以上，这些多余的水汽就凝结成水滴附着在地面物体上，这就是露。如果露（水汽）附着在人的衣物上，就解释了为

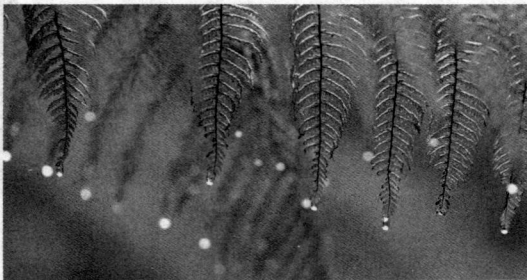

草上的露珠

什么诗句中说"入云深处亦沾衣"。

露和霜一样，也大都出现于天气晴朗、无风或微风的夜晚，日出以后，温度升高，露就蒸发消失了。同时，容易有露形成的物体，也往往是表面积相对大、表面粗糙、导热性不良的物体。有时，在上半夜形成了露，下半夜温度继续降低，使物体上的露珠冻结起来，这叫作冻露。有人把它归入霜的一类，但是显然它的形成过程是与霜不同的。

在农作物生长的季节里，常有露出现对农业生产是有益的，在我国北方的夏季，蒸发很快，遇到缺雨干旱时，农作物的叶子白天被晒得卷缩，但是夜间有露，叶子就又恢复了原状。人们常把"雨露"并称，就是这个道理。

24.刘禹锡为什么说"东边日出西边雨"？

东边日出西边雨，道是无晴却有晴。

——（唐）刘禹锡《竹枝词》

【译文】

这真是令人捉摸不定的天气，东边是晴天，西边却下着雨，说它是"晴"还是没"晴"呢？

刘禹锡的这首诗实际是描写儿女情长的诗，此诗以景衬情，以情寓景，情景交融，妙到极处。而诗句"东边日出西边雨"则描写的是一种天气现象——此处是晴天，不远的彼处却在下雨。

那么，在大自然中，为什么会出现"东边日出西边雨"这种充满诗情画意的景观呢？原来，这种现象在气象上称为降水量水平分布的不连续性。特别在夏季，犹为突出。夏季降水水平分布的这种差异，主要与产生降水的云体特点及下垫面（指地形、地貌等因素）性质有关。在夏季，产生降水的云多为雷雨云，这是一种垂直发展十分旺盛，而水平范围发展较小的云。由于云体较小，在它移动和产生降水时，只能形成一狭小的雨区。而雷雨云含水量大，降水效率又较高，因此容易造成雨区内外雨量分布的显著差异。

正是由于诗人对于自然现象细致入微的观察，才能够将其恰到好处地融入到诗中，成为富有感情、脍炙人口的诗句。

25. 为什么前山下雨而后山晴天?

坐看黑云衔猛雨，喷洒前山此独晴。

——（唐）崔道融《溪上遇雨》

【译文】

我独自坐在山间的岩石上，看见前面浓密的乌云饱含着雨水喷洒在前方起伏的山峦上，而此地却依然阳光灿烂。

崔道融诗句所写的是典型的地形雨，所谓地形雨，就是气流沿山坡被迫抬升引起的降水现象。地形雨常发生在迎风坡。在暖湿气流过山时，如果大气处于不稳定状态，也可以产生对流，形成积状云；如果气流过山时的上升运动，同山坡前的热力对流结合在一起，积状云就会发展成积雨云，形成对流性降水。在锋面移动过程中，如果其前进方向有山脉阻拦，锋面移动速度就会减慢，降水区域扩大、降水强度增强、降水时间延长，可持续10～15天以上。

这还不足以表现地形雨的"威力"，下面我们举例说明。如著名的世界"雨极"——乞拉朋齐（位于印度东北部）就是地形雨造就的。在南亚孟加拉湾北岸的恒河下游和布拉马普特拉河的下游，即印度东北部、孟加拉国一带，是世界上降水最多的地区之一。这里6～9月由印度洋上的西南季风带来大量的水汽，为显著的多雨时期。而乞拉朋齐正好坐落于喀西山地的南坡海拔1313米处，喀西山地东西走向，长约250千米，高约1500米，东端与缅甸西部的那加山（南北向）和阿拉干山相接，形成一个宽广的向南敞开的漏斗状谷地，当暖湿的西南季风涌入这个谷地时，被迫抬升，造成惊人的雨量，年平均降水量达到10935毫米。此外，乞拉朋齐离孟加拉湾约300千米，其间是一个地势较低的陆地，雨季时这里因河水溃决，实际上已变为一片湖泽，西南气流在到达乞拉朋齐之前，先吹拂于积水低地之上，这样饱含了大量的水汽，更使得乞拉朋齐降水猛增。而位于喀西山地以北的高哈蒂，由于处在背风侧，年平均降水量只有1589毫米。

26.梅雨为什么发生在长江中下游地区？

梅实迎时雨，苍茫值晚春。

——（唐）柳宗元《梅雨》

【译文】

杨梅结实正是阴雨连绵的时候，天地苍茫一片，时间恰是晚春。

柳宗元描绘的是梅雨发生的季节和天气状况。地理知识告诉我们：春夏之交，南方暖湿气流逐渐北上，在长江中下游（又称江淮地区）和尚未退却的冷空气相遇，两种性质不同的气流相遇，它们中间的交界面叫锋面。在锋面上，暖、湿、较轻的空气被抬升到冷、干、较重的空气上面去。在抬升的过程中，空气中的水汽冷却凝结，形成的降水叫锋面雨。同时又因冷暖空气势力相当，形成拉锯状态，于是形成了阴雨连绵的天气。此时正值黄梅成熟，故有"梅

梅雨示意图

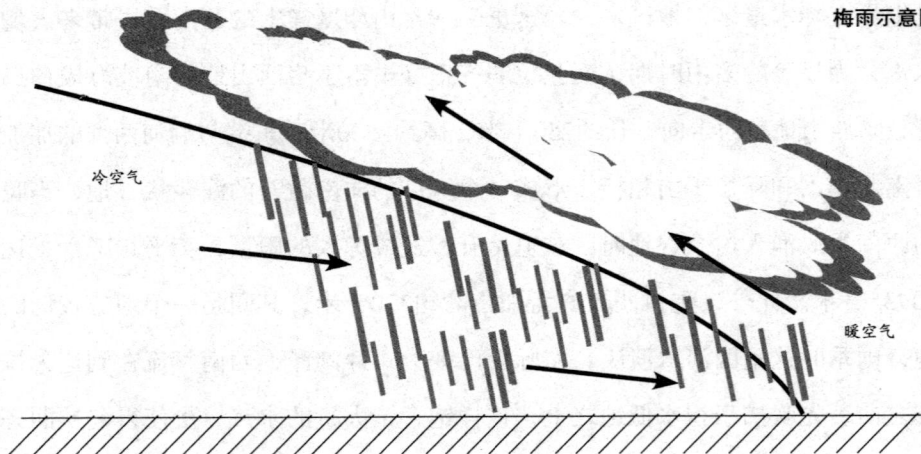

冷空气

暖空气

雨"之称。

锋面雨主要产生在雨层云中，在锋面云系中雨层云最厚，又是一种冷暖空气交接而成的混合云，其上部为冰晶，下部为水滴，中部常常冰水共存，能很快引起冲并作用（云滴与云滴间碰撞合并增大的过程）。因为云的厚度大，云滴在冲并过程中经过的路程长，这有利于云滴增大；雨层云的底部离地面近，雨滴在下降过程中不易被蒸发，对形成降水很有利。因而雨层越厚，云底距离地面越近，降水就越强。

这种锋面降水除了持续的时间长之外，还有一个最大的特点就是水平范围大，常常沿锋面而产生大范围的呈带状分布的降水区域，称为降水带。随着锋面平均位置的季节移动，降水带的位置也移动。例如，我国从冬季到夏季，由于夏季东南风（暖风）逐渐加强，降水带的位置逐渐向北移动，5月份在华南，6月上旬到南岭–武夷山一线，6月下旬到长江一线，7月到淮河，8月到华北；而从夏季到冬季，西北风（冷风）逐渐加强，降水带则向南移动，在8月下旬从东北华北开始向南撤，9月即可到华南沿海，南撤的速度比北进快得多。

27.为什么咸阳的秋季阴雨绵绵？

溪云初起日沉阁，山雨欲来风满楼。

——（唐）许浑《咸阳城东楼》

【译文】

礴溪的上空布满乌云，夕阳仿佛靠近慈福寺阁楼而落，蓦然凉风突起，一场山雨眼看就要来了。

诗人此句妙在借咸阳城东楼秋雨来临之际"日落西山"之景，暗示大唐王朝已经"日薄西山"了。咸阳位于陕西关中平原，而这里的秋雨其实是我国西部地区气候特点之一，被称为"华西秋雨"。我们知道，进入秋季，我国大部地区的天气通常是风和日丽、秋高气爽。

而在四川、贵州、云南、甘肃东部和南部、陕西关中和陕南及湖南西部、湖北西部一带，常常是细雨霏霏，阴雨绵绵。其中尤以四川盆地和川西南山地及贵州的西部和北部最为常见。

华西秋雨一般出现在9～11月，最早出现日期有时可从8月下旬开始，最晚在11月下旬结束。但主要降雨时段是出现在9、10两个月。"华西秋雨"的主要特点是雨日多，而另一个特点是以绵绵细雨为主，所以雨日虽多，但雨量却不很大，一般要比夏季少，强度也弱。

我们知道秋季是收获的季节，也是冬作物播种、移栽的季节。绵绵细雨阻挡了阳光，带来了低温，不利于玉米、红薯、晚稻、棉花等农作物的收获和小麦播种、油菜移栽。它可以造成晚稻抽穗扬花期的冷害、空秕率的增加；也可使棉花烂桃，裂铃吐絮不畅；秋雨多的年份，还可使已成熟的作物发芽、霉烂，以至减产甚至失收。而且它不仅影响当年作物的收成，也将影响来年作物的产量。

那么华西秋雨天气是如何形成的呢？无疑它仍然是冷暖空气相互作用的结果。每年进入9月以后，华西地区在5500米上空处在西北太平洋副热带高压和伊朗高压之间的低气压区内。西北太平洋副热带高压西侧或西北侧的西南气流将南海和印度洋上的暖湿空气源源不断地输送到这一带地区，使这一带地区具备了比较丰沛的水汽条件。同时随着冷空气不断从高原北侧东移或从我国东部地区向西部地区倒灌，冷暖空气在我国西部地区频频交汇，于是便形成了华西秋雨。当冷空气势力较强时，冷暖空气交汇比较激烈，降雨强度也会随之加大，同样也可造成严重的洪涝灾害。

不过，"华西秋雨"也不是一无是处，它有利于水库、池塘及冬水田蓄水，预防来年的春旱。特别是对西北一些较干旱的地区来说，这时地温较高，土质结构比较疏松，雨水可以较深地渗透到土壤中，可保证冬小麦播种、出苗，同时土壤的蓄水保墒（耕地时开出的垄沟），也可减轻次年春旱对各种农作物的威胁，故有农谚"你有万担粮，我有秋里墒"的说法。

28.巴山地区为什么多夜雨？

君问归期未有期，巴山夜雨涨秋池。

——（唐）李商隐《夜雨寄北》

【译文】

你问我何时回来，其实我也不知道。今夜巴山夜雨淅沥，秋池水涨。

李商隐这首诗中所写的巴山是指现在重庆北碚的缙（jìn）云山，说到巴山夜雨，凡是生活在那里的人都很熟悉。在四川盆地里，每到秋天，就会滴滴答答下起夜雨。等到天亮，雨就慢慢停了。这里的夜雨能占到全年降水的60%-70%。可是为什么会有"巴山夜雨"的现象出现呢？这和当地的地形、气候特点有关。

由于四川盆地四周山地环绕，到了秋天，副热带气团撤退比较慢，甚至处于准静止状态，即当冷暖气团相遇时因地形阻隔移动幅度小，所以造成了云雾多，秋雨连绵的现象。那么，为什么雨水多在夜晚呢？这和云雾多有着直接关系。白天，云层和地面均吸收来自太阳的热辐射，温差不大，不会对流成雨；到了晚上，没有了太阳辐射热，云层上部迅速变冷，而下部还可以接收到来自地面存留的热辐射，温差增大，所以就发生对流，形成了夜雨。这种情况在重庆山区更加明显，因为夜间冷空气顺着山坡下沉，抬高了暖空气，加剧了对流作用，所以夜雨就更多了。

如此看来，缙云山所在的地理位置和山地地形特点，特别有利于夜雨的形成。李商隐体会到"巴山夜雨涨秋池"，就一点也不奇怪了。

29.为什么用"秋波"来形容美女的目光呢？

眼色暗相钩，秋波横欲流。

——（南唐）李煜《菩萨蛮·铜簧韵脆锵寒竹》

【译文】

眼神暗自表达情谊，（美女的）目光犹如秋水一样清澈明亮。

看到这里，我们明白了，不是现代才把美女的目光叫"秋波"的，在古代，许多文人墨客就已经这样子作比了。那么，为什么古人将美女的目光叫

"秋波"呢？

其实，这样也是为了突显美女目光的清澈明亮。你也许会问，为什么不说"春波""夏波"呢，只有秋天的水波才能形容清澈吗？事实确实如此，这其中是有科学道理的，秋天的水波清澈与中国的独特气候有关，其他国家的秋水未必清澈。

在中国大部分地区，尤其是古代主流文化所在的中原地区，秋天的河水、湖水甚至于海水都比其他季节清澈，原因是中国是典型的季风气候，降水主要集中在夏季，雨热同季。夏季河流进入丰水期，也进入了洪水期，这时河水主要靠汇集到河中的雨水来补充，雨水冲涮两岸，泥沙俱下，河水变得浑浊了。而到了秋季，降水减少，河流进入枯水期，河水主要靠地下水或冰川融水等来补充，这时河水中的泥沙含量减少，就变得透亮清澈。而春季我国北方大部分地区会有春汛发生，即岸上积雪融化、河冰解冻或降春雨，引起河水上涨的现象。这时的河水也不如秋季清澈。因此用秋水、秋波来形容美女的目光是形象贴切的，用春水和夏水显然不妥。看到这里，我们不禁感慨，古人对秋天的观察是何等地细致准确啊。

30.为什么夏季会下冰雹？

冰雹无声栖碧叶，笑仍娇。

——（宋）张镃《杨柳枝》

【译文】

冰雹无声地落到了绿叶上，花开得仍然娇艳。

前面我们讲到过，对流运动很猛烈会形成积雨云，而夏季，正是大气对流运动剧烈的季节，这也为冰雹的形成提供了可能性。这里张镃描写的正是冰雹在盛夏降落的情景。盛夏时节，冰雹是不常见的，这是因为，一般积雨云可能产生雷阵雨，而只有发展特别强盛的积雨云——

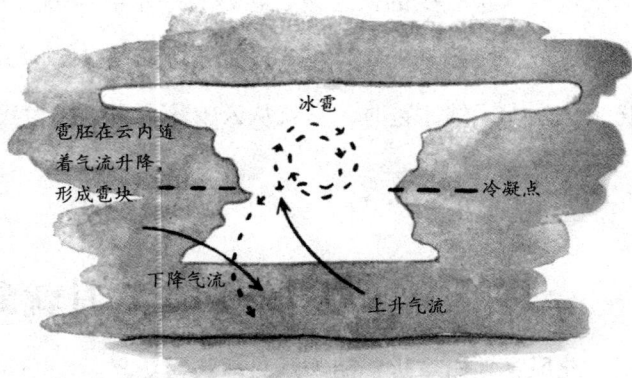

冰雹形成过程示意图

强大的上升气流循环流动，引起雹块增大。当雹块增大到气流托不住的时候，就落到地面上成为冰雹。

冰雹云，云体十分高大，云中有强烈的上升气体，云内有充沛的水分，才会产生冰雹。

冰雹云是由水滴、冰晶和雪花组成的。一般为三层：最下面一层温度在0℃以上，由水滴组成；中间温度为0℃至-20℃，由过冷水滴、冰晶和雪花组成；最上面一层温度在-20℃以下，基本上由冰晶和雪花组成。

在冰雹云中气流是很强盛的，通常在云的前进方向，有一股十分强大的上升气流从云底进入又从云的上部流出；还有一股下沉气流从云后方中层流入，从云底流出，这里也就是通常出现冰雹的降水区。这两股有组织上升与下沉气流与环境气流连通，所以一般强雹云中气流结构比较持续，强烈的上升气流不仅给雹云输送了充分的水汽，并且支撑冰雹粒子停留在云中，使它长到相当大才降落下来。

那么，冰雹从小长大的过程又是怎样的呢？在冰雹云中强烈的上升气流携带着许多大大小小的水滴和冰晶运动着，其中有一些水滴和冰晶合并冻结成较大的冰粒，这些粒子和过冷水滴被上升气流输送到含水量累积区，就可以成为冰雹核心，这些冰雹初始生长的核心在含水量累积区有着良好生长条件——水量多、温度不太低，于是，与过冷水滴碰并，长成一层透明的冰层；接着，再向上进入水量较少的低温区，雹核与那里的冰晶、雪花和少量过冷水滴粘并冻结就形成一个不透明的冰层。这时冰雹已长大，而那里的上升气流较弱，当支托不住长大了的冰雹时，它就从云中落下来，成为我们所看到的冰雹了。

31.为什么新疆八月就飘雪了？

北风卷地白草折，胡天八月即飞雪。

——（唐）岑参《白雪歌送武判官归京》

【译文】

北风席卷大地，把白草都吹折了，胡地的天气八月就纷扬落雪。

我国疆域辽阔，东西差异和南北纬度差异比较大，气候差异明显，形成了各具特色的自然生态环境。这首诗是岑参在轮台（在今天新疆维吾尔自治区，地处天山南麓，塔里木盆地北缘）所写的。塔里木盆地位于我国的内陆，属于典型的温带沙漠气候，温带沙漠主要分布在南北回归线附近的副热带高压控制地区，处在南北纬度15~35度之间的信风带。这些地方气压高，天气稳定，风总是从陆地吹向海洋，海上的潮湿空气却进不到陆地上，因此雨量极少，非常干旱，地面上的岩石经风化后形成细小的沙粒，沙粒随风飘扬，堆积起来，就形成了沙丘，沙丘广布，就变成了浩瀚的沙漠。有些地方岩石风化的速度较慢，形成大片砾石，这就是荒漠。

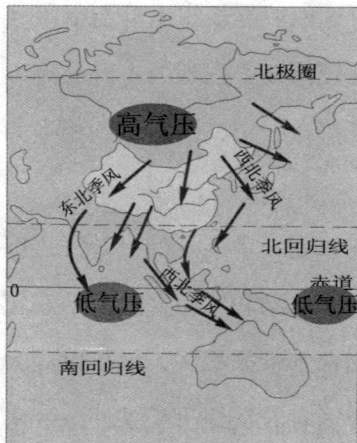

中国冬季季风示意图

沙漠里的四季，和同纬度别的地方有很

大不同。中国东部地区，因为是季风大陆性气候，春、秋季节本来就短。然而在沙漠地区，春、秋更短。因为沙漠地区太干了，没有水分调节。春季里气温直线上升，秋季里气温直线下降，春、秋两季加起来也只有2个半月到3个月左右。春、秋季节一短，冬、夏季节就比其他地方来得更早，因而显得格外的长。

诗句中讲到了冬季，由于冬季风源出西伯利亚，来自高纬度的内陆，气压高，气温低，与周围地区相比，气压梯度力大（使空气从多的地方流向少的地方，即从高压区流向低压区），风力强劲。当它侵入时气温便会陡降，如遇当地暖湿气流便会骤然下雪，故有诗句中"卷地白草折""八月即飞雪"的现象。

32.李白为什么说雪花"大如席"？

燕山雪花大如席，片片吹落轩辕台。

——（唐）李白《北风行》

〔译文〕

燕山大雪纷飞，飘落在轩辕台上。

看到李白的这句诗，你可能会好奇，雪花真的有那么大吗？其实，雪花是很小的。不要说"大如席"的雪花科学上没有记录，就是"鹅毛大雪"，也是不容易遇到的。

事实上，我们能够见到的单个雪花，它们的直径一般都在0.5～3.0毫米之间，最大的也不会超过10毫米（顶多像我们指甲大小），这样微小的雪花只有在极精确的分析天平上才能称出它们的重量：大约3000～10000个雪花加在一起才有一克重。

雪花晶体的大小，完全取决于水汽凝华结晶时的温度状况。在非常严寒时形成的雪晶很小，几乎看不见，只有在阳光下闪烁时，人们才能发现它们像金刚石粉末似地存在着。这也就是说，温度对雪晶大小存在影响，温度越高时，雪晶的平均面积就越大。

通常文学作品中用"鹅毛大雪"是为了描写天气严寒，但其实，"鹅毛大雪"是气温接近0℃左右时的产物，并不是严寒气候的象征。加上我们上面所讲的，雪花越大，说明当时的温度相对越高。因此可知，三九严寒很少出现"鹅毛大雪"，只有在秋末初冬或冬末初春，而且空气较潮湿的时候，才有可能下"鹅毛大雪"。

"鹅毛大雪"其实是一种雪花的联结，这种现象称为雪花的并合。越潮湿的情况下，雪花的并合能力就越强，往往成百上千朵雪花才能并合成一片"鹅毛大雪"。因此，严格地说，"鹅毛大雪"并不能称为雪花，它仅仅是许多雪花的聚合体而已。

从科学角度来看，李白用"雪花大如席"并不是酷寒的正解，但是从文学作品惯用技法的角度，足以让我们想象到是天寒地冻的季节，从而感受到诗中那些在前方打仗却不能归家的士兵的痛苦。

33.为什么雪花大都是六角形呢?

六出飞花入户时，坐看青竹变琼枝。

——（唐）高骈《对雪》

【译文】

雪花飘舞着飞入窗户，我坐在窗前，看着青青的竹子变得白玉般洁白。

每朵雪花都是六边形，但没有两朵雪花是完全一样的。

高骈诗句中的"六出"即雪花是六瓣、六角形的。其实，早在西汉时代的韩婴就发现："凡草木花多五出，雪花独六出。"雪花有多种多样的形态，但大都是六角形的，这是为什么呢？

雪花的形状，涉及水在大气中的结晶过程。大气中的水分子在冷却到冰点以下时，就开始凝华，而形成水的晶体，即冰晶。冰晶和其他一切晶体一样，其最基本的性质就是具有自己的规则的几何外形。冰晶属六方晶系，六方晶系具有四个结晶轴，其中三个辅轴在一个平面上，互相以六十度角相交，另一主轴与这三个辅轴组成的平面垂直。本来，六方晶系的最典型形状是六棱柱体。但是，当结晶过程中主轴方向晶体发育很慢，而辅轴方向发育较快时，晶体就呈现出六边形片状。

当大气中的水汽十分丰富的时候，周围的水分子不断地向最初形成的晶片上结合，其中，雪片的六个顶角首当其冲，这样，顶角上会出现一些突出物和枝杈。这些枝杈增长到一定程度，又会分叉。次级分叉与母枝均保持六十度的角度，这样，就形成了一朵六角星形的雪花。每片雪花在整体上虽然都是六角星形的，但在细微形态上却有很多差别。有人专门收集过不同形状的雪花，竟发现有六千多种不同的细微形态的雪花。

而雪花从空中飘落时，总能保持六角形的形态，这又是什么原因呢？科学家们发现，雪花在空中飘浮时，本身还会振动，而这种振动是环绕对称点进行的，这个对称点正是最初形成的冰晶，这就是保持雪花形态在飘落过程中不发生变化的原因。

34.李峤为什么通过各种现象来描写风?

解落三秋叶，能开二月花。过江千尺浪，入竹万竿斜。

——（唐）李峤《风》

〔译文〕

风能吹落秋天的落叶，能催开春天的鲜花。刮过江面能掀起千尺巨浪，吹进竹林能使万竿倾斜。

风是地球上最普遍存在的一种自然现象，我们早就习以为常，但是，风无色无味无形，要想感知到它，必须如诗人一样，通过各种自然现象。那么，风是如何产生的呢?

风是由太阳辐射热引起的。太阳光照射在地球表面上，使地表温度升高，地表的空气受热膨胀变轻而往上升。热空气上升后，低温的冷空气横向流入，上升的空气因逐渐冷却变重而降落，由于地表温度较高又会加热空气使之上升，这种空气的流动就产生了风。

在赤道和低纬度地区，太阳高度角大，日照时间长，太阳辐射强度强，地面和大气接受的热量多，温度较高;在高纬度地区太阳高度角小，日照时间短，地面和大气接受的热量小，温度低。这种高纬度与低纬度之间的温度差异，形成了南北之间的气压梯度，使空气作水平运动，风应沿水平气压梯度方

部分风力示意图

向吹，即垂直于等压线从高压向低压吹。但由于地球在自转，产生了使空气水平运动发生偏向的力，称为地转偏向力，这种力使北半球气流向右偏转，南半球向左偏转，所以地球大气运动（包括风的流动）除受气压梯度力外，还要受地转偏向力的影响。

实际上，地面风不仅受这两个力的支配，而且还受海陆差异影响。冬季，大陆比海洋冷，大陆气压比海洋高，干冷的风从大陆吹向海洋，因而能够产生"解落三秋叶"的现象；夏季则相反，大陆比海洋热，大陆气压比海洋低，暖湿的风从海洋吹向内陆，因而产生"能开二月花"的现象。这种随季节转换的风，我们称为季风。

而诗句"过江千尺浪，入竹万竿斜"的现象则涉及风级的问题。人们平时在天气预报时听到的"东风3级"就是指风级，人们根据风对地上物体所引起的现象将风的大小分为13个等级。为了便于记忆和对风力等级形成直观的印象，我们来看一首人们编写的风级歌：

零级烟柱直冲天，一级青烟随风偏，二级轻风吹脸面，三级叶动红旗飘，四级枝摇飞纸片，五级带叶小树摇，六级举伞步行艰，七级迎风走不便，八级风吹树枝断，九级屋顶飞瓦片，十级拔树又倒屋，十一二级陆上很少见。

35.为什么春风不度玉门关?

羌笛何须怨杨柳，春风不度玉门关。

——（唐）王之涣《凉州词》

【译文】

羌笛何必吹起《折杨柳》这种哀伤的调子，埋怨杨柳不发、春光来迟呢？要知道，春风是吹不到玉门关的。

古丝绸之路国内线路

玉门关从汉代修建之后，故址一直在变动，隋唐时期的玉门关位于甘肃省敦煌市城西北80千米的戈壁滩上。

李白诗句中的"玉门关"是古代通往西域的要道，其故址位于甘肃省敦煌市城西北80千米的戈壁滩上（与今天酒泉的玉门关不是一个地方）。相传"和田玉"经此输入中原，因而得名。它是古"丝绸之路"北路必经的关隘。

这里的"春风"当指夏季风。季风是由于海陆的热力差异导致海陆上气压中心的季节变化，引起一年中盛行风向随季节有规律地向相反或者接近相反的方向变换而形成季风。夏季，北太平洋高压势力大大增强，亚洲大陆上形成印度低压，太平洋暖湿气流便沿着北太平洋西部边缘，以东南风吹到亚洲东南岸，形成东南季风，即夏季风。在我国把受夏季风影响的地区划分为季风区，夏季风影响不到的地区为非季风区。季风区与非季风的分界线是：大兴安岭-阴山-贺兰山-巴颜喀拉山-冈底斯山一线，这条线以东以南为季风区，以西以北为非季风区。而玉门关地处内陆腹地，正好位于这条界线以西，受高山阻隔，远离温暖潮湿的海洋气流，自然就得不到夏季风的滋润了。

于是，玉门关一带成了典型的干旱性温带大陆性气候。干旱性温带大陆性气候有三个明显的特点：一是干燥少雨，蒸发量大；二是日照时间长；三是四季分明，冬长于夏，昼夜温差大。如敦煌年均降雨量只有约40毫米，年蒸发量却达2400多毫米；每年的日照时数超过3200小时；年平均气温为9.4℃，1月平均气温为-9.3℃，7月平均最高气温为24.9℃。

诗人抓住当地的气候特征，用"春风不度玉门关"将戍边士兵的怀乡情写得苍凉哀怨，并表达了对戍边士兵深深的同情。

36.苏轼为什么说去海南是九死一生？

九死南荒吾不恨，兹游奇绝冠平生。

——（宋）苏轼《六月二十日夜渡海》

【译文】

虽是九死一生，但我并不悔恨，因为这次被贬海南，见闻奇绝，是平生所不曾有过的经历。

苏轼在诗句中将海南称为"南荒之地"，这是为什么呢？因为海南远离中原，且地处热带，四面环海，为典型的热带季风气候。海南气温值高（年平均气温在22～26℃之间，最冷月1月的平均气温在16℃以上），且潮湿多雨（年均降水量为1500～2000毫米），那里在古代四处都是毒虫和瘴气（古代指南方山林间湿热的、能致人疾病的气体），北方人多不习惯，去了不是病就是死。这也是诗句中为什么说"九死南荒"的原因。

其实，海南省和我国其他地方一样，也是冬季吹西北风，夏季吹东南风，只不过，它所处的地理位置使它全年高温，因而没有冬季夏季之说，而是有明显的多雨季和少雨季之分。每年的5～10月份是多雨季，总降雨量达1500毫米左右，

海南纬度较低，热带面积大，光热充足，降水丰沛，是中国发展热带作物的重要基地。图为黄灯笼椒，又名黄帝椒、黄辣椒，是海南岛的珍稀地方品种。

占全年总降雨量的70～90%；每年11月至翌年4月为少雨季节，仅占全年降雨量的10～30%，少雨季节干旱常常发生。造成多雨季和少雨季的原因是气压带和风带的位置移动。

少雨季正值海陆热力性质差异形成冬季风，即来自蒙古西伯利亚高压的冷气团在南下，而却受地转偏向力影响右偏为东北季风，在逐渐南下的过程中逐步升温，升温后的这股冬季风高温干燥，吹过东南亚，就导致了少雨季的发生；而多雨季，正值夏季气压带和风带向北移动，该地受到东南信风越过赤道偏转而来的西南季风影响，沿途多为海洋，带来丰富的水汽，加之由海陆热力性质差异引起的由海洋吹向陆地的季风（高温湿润）影响，最终形成了多雨季。

不过，如今的海南自是不可同日而语，充足的热量资源被人们视为"珍宝"加以利用，使这里草木不凋、花果飘香，成为全国最大的热带作物基地、冬季果菜基地和全国著名的冬泳、避寒度假旅游区。

37.为什么"三大火炉"夏季特别炎热？

夜热依然午热同，开门小立月明中。

——（宋）杨万里《夏夜追凉》

【译文】

夏天的中午，天气炎热，想不到夜晚还是那么热。打开门，到月光下去站一会儿吧。

诗人的这句诗写夏日中午时分的烈日暴晒，是一天中最为酷热的时刻，而"夜热"竟然与"午热"相仿佛，"夜热"之甚可想而知。后半句给我们一个提示，昼夜温差小，应该位于长江中下游地区。

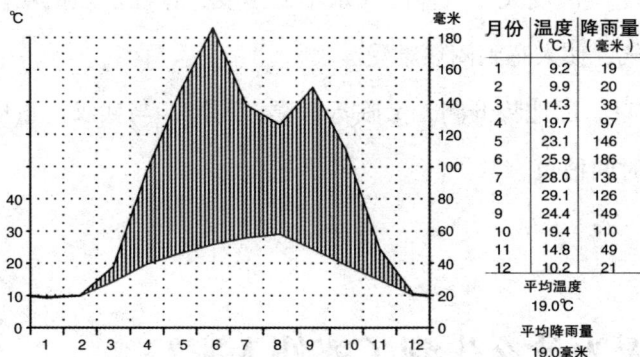

月份	温度（℃）	降雨量（毫米）
1	9.2	19
2	9.9	20
3	14.3	38
4	19.7	97
5	23.1	146
6	25.9	186
7	28.0	138
8	29.1	126
9	24.4	149
10	19.4	110
11	14.8	49
12	10.2	21
平均温度 19.0℃		
平均降雨量 19.0毫米		

重庆市降雨量与温度关联图，显示出典型的盆地气候。

说起长江中下游地区，首先浮现于脑海的是号称我国"三大火炉"的南京、重庆、武汉，这三个地方7月份的平均气温都在30℃以上，极端最高气温都在40℃以上。为什么"三大火炉"夏季气温特别高呢？

每年七月中旬以后，锋面雨带北移到华北、东北一带，长江流域的梅雨结束。这时，长江流域完全为副热带高压所控制，气流下沉增温，常常出现干旱，这就是伏旱。伏旱期间，天空晴朗少云，风力微弱，日照强烈，似火的骄阳把大地晒得滚烫。七八月间白天的最高地面温度为50℃~55℃。晒得发烫的地面，源源不断地把热量传给大气，因而气温不断升高。这是"三大火炉"形成的主要原因。

其次，这些高温中心的形成与盆地或谷地的地形有密切关系。"三大火炉"都位于长江河谷中，海拔较低。河谷地形犹如锅底一般，地面散热困难。四川和两湖都是盆地形势，夏季风自东南吹来，越过东南丘陵和贵州高原到达盆地时，由于下沉增温产生干热风，使"火炉"热上加热，特别是重庆，白天温度最高，暑热日和酷热天数也最长。

武汉地区水田遍布，河网密布。尤其是武汉地处江汉平原，四周湖泊星罗棋布。伏旱期间，因蒸发旺盛，广阔的水面使大气中水汽增多，空气湿度增大。武汉这时受单一的来自海洋的暖气团控制也是其湿度增加的一个必不可少的原因。但此时盛行下沉气流，风力微弱，空气中的水汽不易消散，地面向空中辐射的热量多被空气中的水汽吸收，又以大气逆辐射的形式射向地面，使地面气温不易降低。另外，空气湿度大，人体的汗水不易蒸发，排汗散热的功能大大降低，又热又湿的空气，使人感到闷热难受。

而长江下游一带的南京，因地势开阔，又临近海洋，所以，与武汉、重庆相比，酷热的程度稍低，时间稍短。

38.秋天为什么先到了郊外人家？

城市尚余三伏热，秋光先到野人家。

—— （宋）陆游《秋怀》

[译文]

城市里面三伏天的余热还没有退却，天高气爽的秋天已经先到了郊外人家。

这句诗说明在陆游那个时代，人们就已觉察到城市暖于郊区，这种现象今天被称为"城市热岛效应"。城市人口集中、工业发达、交通拥塞，大气污染严重，且城市中的建筑大多为石头和混凝土建成，它的热传导率和热容量都很高，加上建筑物本身对风的阻挡是形成热岛效应的主要原因，它们共同作用的结果是城市年平均气温比郊区高2℃，甚至更多。

在气象学近地面大气等温线图上，郊外的广阔地区气温变化很小，如同一个平静的海面，而城区则是一个明显的高温区，如同突出海面的岛屿，所以就被形象地称为"城市热岛"。

城市热岛可影响近地层温度层结，并达到一定高度。城市全天以不稳定层结为主，而乡村夜晚多逆温。水平温差的存在使城市暖空气上升，到一定高度则向四周辐散，而附近乡村气流下沉，并沿地面向城市辐合，形成热岛环流，称为"乡村风"，这种流场在夜间尤为明显。城市热岛还在一定程度上影响城

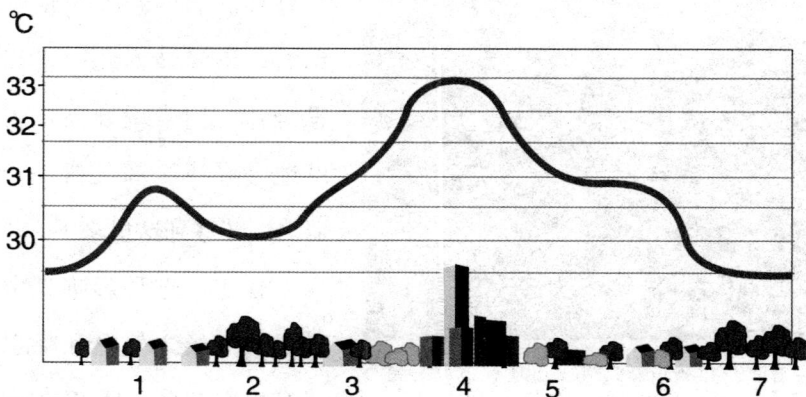

城市与郊区气温比较
1.郊区住宅区 2.公园 3.城市住宅区 4.市中心 5.商业区 6.郊区住宅区 7.乡村

市的空气湿度、云量和降水，对植物的影响则表现为提早发芽和开花、推迟落叶和休眠。因此也就有了"秋光先到野人家"这一现象。

39.山上的桃花为什么开得比山下迟?

人间四月芳菲尽，山寺桃花始盛开。

——（唐）白居易《大林寺桃花》

【译文】

四月里别处的春花都凋谢了，大林寺的桃花却刚刚开放。

白居易的这句诗形象地道出了山地垂直气候特征，即山区气温随海拔高度增加而递减，因而产生了物候的垂直差异。通常海拔高度每升高100米气温下降0.6℃，庐山大林寺海拔高度在1100～1200米之间，它比"人间"（九江市的平地，平均海拔32米）气温要低6℃左右，因此，桃花开放的时间要迟20～30天，所以山上的物候比山下的物候推迟了一个月左右的时间。于是，顺其自然地有

从太空看喜马拉雅山脉，可见山顶和山底是完全两个景象。

了诗文的后两句"长恨春归无觅处，不知转入此中来。"意思是：人们常说春天走了再也没地方寻找，却没料到春天却悄悄地转移到这里来了。

其实，这种影响是由海拔造成的气候（气温和降水）垂直变化引起的，不仅在庐山是这样，在别处也不例外。而且一般说来，相对高度越大，垂直自然带分布越完整。以喜马拉雅山在我国境内的一段山地为例，位于山地东南谷地的察隅、墨脱一带，由于海拔较低，日照充足，气温较高，可以种植水稻、玉米、柑橘等喜高温作物；由此往上，到海拔3000米处，气温下降、雨水减少，只能种青稞、小麦一类的作物；再往上，则是草木稀疏的高山牧场；雪线以上则因终年积雪、气候恶劣，除了偶尔长着几棵雪莲以外，再没有什么其他作物了。这也正是为什么人们常说山地地区"一山有四季，十里不同天"的原因。

第三章　追踪地理足迹

DISANZHANG　ZHUIZONG DILI ZUJI

40.黄河的源头在哪里?

黄河落天走东海，万里写入胸怀间。

————（唐）李白《赠裴十四》

[译文]

黄河水从西部飞流直下流向中原，一泻万里，奔流入东海。

李白此诗句以奔腾的黄河水，象征裴十四宽阔宏大的襟怀。前面我们提过，黄河水从"天上来"道出了水循环的特性，也许由于古代人们对于黄河认识的局限性，只能从黄河奔腾到海的磅礴气势猜测它的源头来自西部的"天上"，那么，"天上"终归有个位置，这个位置也就是黄河的源头。究竟黄河的源头在哪里呢？

其实，黄河的源头在青海省巴颜喀拉山北麓的卡日曲，位于3000～4000米的高原上，呈"几"字形流经青海、四川、甘肃、宁夏、内蒙古、山西、陕西、河南及山东9个省区，最后流入渤海，全长5464千米，流域面积75万平方千米。

讲到这里，我们需要了解黄河的一个特别现象——地上河。由于黄河流经中段黄土高原时流速快，而且所经地段植被情况差，导致大量的泥沙被带走，而到了下游，流速变缓，于是大量的泥沙就沉积了下去。几千年常此积累，堆积在河床上，致使河床升高，从而形成了河床高出两岸地面的奇特景观，人们将其称为"地上河"或"悬河"。地上河的现象以河南省最为典型，这也就解释了历史上黄河下游河南段（中原）曾多次决口泛滥的原因。

即便黄河有"残酷"的一面，但是在中国历史上，黄河及沿岸流域是中华民族最主要的发源地之一，给人类文明带来了巨大的影响，因此人们还是亲切地称其为"母亲河"。

41.为什么长江向东流去？

大江东去，浪淘尽，千古风流人物。

——（宋）苏轼《念奴娇·赤壁怀古》

【译文】

长江朝东流去，千百年来，所有才华横溢的英雄豪杰，都被长江滚滚的波浪冲洗掉了。

我国的地势西高东低，向海洋倾斜，大致呈三级阶梯状分布。第一级阶梯大致以昆仑山、祁连山、邛崃山、横断山脉为界，平均海拔4000米以上，以高原为主；在第二级地形阶梯（平均海拔1000～2000米，以高原、盆地为主）边缘的大兴安岭、太行山、巫山至雪峰山一线以东，是第三级地形阶梯，平均海拔500米以下，主要以平原、丘陵和低山地貌为主。

我国西高东低的地势特点使得我国的江河大多自西向东流淌，古诗云"大江

第二级阶梯

第三级阶梯

第一级阶梯

广阔的近海大陆架区，这里水深一般不足200米，岛屿星罗棋布

中国地势三阶梯示意图

东去浪淘尽",又有"一江春水向东流"。这些大江大河沟通了我国东西的交通,加强了内地与沿海的联系。在阶梯的交界处河流落差较大,水能资源丰富,我国的大型水电站大多建设在这些地带。此外,西高东低的地势还有利于海洋上的湿润气流深入内地,形成降水。可以说,西高东低的地势是我国自然地理环境的一大优势。

总之,中国地势格局对河流的影响是简单的,一句话就是地势西高东低,多数河流发源于西部高原,顺势而东,流向大海。

不过,中国地势格局对气候的影响却是复杂的,概括而言主要有这么几点:

第一,青藏高原的隆起,改变了东亚大气环流格局,一是增强了冬季风和夏季风的势力,大陆性气候增强;二是高原隆起阻挡了北上的印度洋暖湿气流,导致青藏高原内部及西北地区干旱化加剧,高原内部形成高原气候,冬季是冷源,推动了亚欧大陆内部冬季风南下的势力,夏季是热源,推动了夏季风的北上;三是高原抬升导致季风加剧,使中国南方地区形成温暖湿润的森林气候。

第二,地势三级阶梯分布,气候类型多样性显著,山区气候垂直差异显著。

第三,地势的阶梯状分布,使得冬季风能长驱直入,从西北往东南一直影响全国;相反,使夏季风北上时遇到阻拦,基本遏制在玉门关一线以东。

42.为什么长江会变成今天的样子?

孤帆远影碧空尽,唯见长江天际流。

—— (唐)李白《黄鹤楼送孟浩然之广陵》

【译文】

孤独的船帆渐渐远去,消失在碧色的天边,只看见长江浩浩荡荡地流向天边。

"黄鹤楼"是天下名胜，是诗人墨客流连聚会之所，也是友人送别之地。黄鹤楼在湖北武昌的长江南岸，自然能看到长江的滚滚水流。

我们知道，长江是亚洲第一大河，其流域面积、长度、水量都占亚洲第一位。那么，你知道长江是怎么形成的吗？长江水又是为什么浩浩荡荡向东流去呢？

长江起源于距今1.4亿年前的侏罗纪时的燕山运动（后面有详细解释），那时，在长江上游形成了唐古拉山脉，青藏高原缓缓抬高，形成许多高山深谷、洼地和裂谷。长江中下游大别山和川鄂闽巫山等山脉隆起，四川盆地凹陷，古地中海进一步向西部退缩。距今1亿年前的白垩纪时，四川盆地缓慢上升，夷平作用不断持续，云梦、洞庭盆地继续下沉。

距今3000～4000万年前的始新世，发生强烈的喜马拉雅山运动，青藏高原隆起，古地中海消失。长江流域普遍上升，其上升程度，东部和缓，西部急剧。金沙江两岸高山突起，青藏高原和云贵高原显著抬升，同时形成了一些断陷盆地。而长江中下游上升幅度较小，形成中、低山和丘陵，低凹地带下沉为平原（如两湖平原、南襄平原、苏皖平原等）。

到了距今300万年前，喜马拉雅山强烈隆起，长江流域西部进一步抬高。从湖北伸向四川盆地的古长江溯源侵蚀作用加快，切穿巫山，使东西古长江贯通一气。河流的强烈下切作用，形成了许多深邃险峻的峡谷，原来自北往南流的水系相互归并顺折向东流，江水浩浩荡荡，注入东海，形成了今天的长江。

43.为什么称为长江三峡？

瞿塘嘈嘈急如弦，洄流势逆将覆船。

——（唐）戴叔伦《巫山高》

【译文】

瞿塘水流声急促如同琴弦奏出，回旋的水流与船逆向，有将船掀翻的趋势。

瞿塘峡

诗人写这首诗时船行在长江三峡的瞿塘峡河段。长江三峡西起重庆市奉节的白帝城，东至湖北省宜昌的南津关，自西向东主要有三个大的峡谷地段：瞿塘峡、巫峡和西陵峡。三峡因而得名。三峡是由于这一地区地壳不断上升，长江水强烈下切而形成，因此水力资源极为丰富。长江三峡也因此建成了世界上最大的水利枢纽工程——三峡大坝。

瞿塘峡长8千米，是三峡中最短的一个峡，却最为雄伟险峻。奔腾咆哮的长江，一进峡谷便遇上气势赫赫的夔门（形如三峡门户）。夔门两侧的高地，南名"白盐山"，北曰"赤甲山"，夹江对峙，拔地而起，高耸入云，巍峨峥嵘，峡江两岸则壁立如削，恰似天造地设的大门。这里的崖高500米，河宽只有百米，但流量多达50000多立方米/秒，因而水流湍急。赤甲山因含有氧化铁的水溶液粘附在风化的岩层表面，此山土石呈红色，如人袒背，故名赤甲山。白盐山因粘附在岩石上的水溶液主要含钙质，色似白盐而得名。在灿烂的阳光下，赤甲山略显红色，白盐山呈灰白色，隔江相望，一个红装，一个素裹，可谓奇景。

巫峡在重庆巫山和湖北巴东两县境内，西起巫山县城东面的大宁河口，东至巴东县官渡口，绵延45千米，峡谷特别幽深曲折，是长江横切巫山主脉背斜而形成的。巫峡又名大峡，以幽深秀丽著称。整个峡区奇峰突兀，怪石磷峋，峭壁屏列，是三峡中景致最多的一段。由于巫峡谷深狭长，日照时短，峡中湿气蒸郁不散，容易成云致雾。

西陵峡在湖北宜昌市秭归县境内，西起香溪口，东至南津关，约长66千米，是长江三峡中最长的山峡，整个峡区由高山峡谷和险滩礁石组成。历史上以其航道曲折、怪石林立、滩多水急、行舟惊险而闻名。经过后人对川江航道的多年治理和葛洲坝水利工程建成后，水势已趋于平缓，不过绮丽景观如旧。

44.为什么钱塘江能形成如此壮观的涌潮？

八月涛声吼地来，头高数丈触山回。

—— （唐）刘禹锡《杂曲歌辞·浪淘沙》

【译文】

八月的涛声吼叫而来，数丈高的浪头碰到山才会回头。

每逢农历八月十八日，来浙江海宁一带观潮的人，成群结队，络绎不绝。这时的岸边，人山人海，万头攒动，人们焦急地等待那激动人心时刻的到来。不一会儿，忽见人群骚动，只见远处出现一条白线，由远而近；刹那间，壁立的潮头，像一堵高大的水墙，呼啸席卷而来，发出雷鸣般的吼声，震耳欲聋。这就是天下闻名的钱塘江大潮。汹涌壮观的钱塘潮，历来被誉为"天下奇观"。人们通常称这种潮为"涌潮"，也有的叫"怒潮"。为什么会发生这样壮观的涌潮呢？

首先，这与钱塘江入海的杭州湾的形状，以及它特殊的地形有关。杭州湾呈喇叭形，

钱塘江潮

口大肚小。钱塘江河道自澉浦（古水名，在今浙江省杭州湾北岸）以西，急剧变窄抬高，致使河床的容量突然缩小，大量潮水拥挤入狭浅的河道，潮头受到阻碍，后面的潮水又急速推进，迫使潮头陡立，发生破碎，发出轰鸣，出现惊险而壮观的场面。

但是，河流入海口是喇叭形的很多，而能形成涌潮的却只是少数，钱塘潮能荣幸地列入这少数之中，又是为什么？

科学家经过研究认为，涌潮的产生还与河流里水流的速度跟潮波的速度比值有关，如果两者的速度相同或相近，势均力敌，就有利于涌潮的产生，如果两者的速度相差很远，虽有喇叭形河口，也不能形成涌潮。

还有，河口能形成涌潮，与它处的位置潮差大小有关。由于杭州湾在东海的西岸，而太平洋的潮波由东北进入东海之后，在南下的过程中，受到地转偏向力的作用，向右偏移，使东海西岸潮差大于东岸。杭州湾处在太平洋潮波东来直冲的地方，又是东海西岸潮差最大的方位，得天独厚。所以，各种原因合在一起，促成了钱塘江涌潮。

45.为什么青海湖区有倒着流的河？

青海长云暗雪山，孤城遥望玉门关。

—— （唐）王昌龄《从军行七首》（其四）

【译文】

青海湖上空长云弥漫，湖的北面，横亘着绵延千里的隐隐雪山；越过雪山，是一座孤城，和孤城遥对的是玉门关。

青海湖又名"库库淖尔"，即蒙语"青色的海"之意。它位于青海省东北部的青海湖盆地内，既是中国最大的内陆湖泊，也是中国最大的咸水湖，由祁连山的大通山（北面）、日月山（东面）与青海南山（南面）之间的断层陷落形成。它长105千米，宽63千米，面积达4583平方千

青海湖湖水来源主要依赖地表径流和湖面降水补给。

米，比中国最大的淡水湖鄱阳湖，还要大近459.76平方千米。

　　青海湖滨地势开阔平坦，水源充足，气候比较温和，是水草丰美的天然牧场。湖区有大小河流近30条，其中有两条流经日月山西麓的河流可以说举世罕见——它们的水不是流向河口，而是流向源头，因而它们被称为"倒淌河"。

　　如果在日月山上俯瞰倒淌河，只是一条窄小的涓涓细流，却占据着宽约10千米的大河谷，而且河床上宽下窄。小水冲不了大沟，正常河流应该是上游水量小，河床自然又窄又浅；下游水量大，河床自然又宽又深。倒淌河却与此相反。

　　地质学家研究证实：远在二三百万年前，青海湖一带是一片坦荡无际的平原。平原上有一条古黄河的直流——古布哈河静静地自西向东流去，穿过青海湖，经过今天的倒淌河谷地，经过曲乃河河谷，注入古黄河。可是，大约距今13万年前，这里发生了强烈的地壳升降运动，青海湖区断裂下陷，青海湖以东的野牛山隆起上升，于是一个完整的古布哈河断裂为三段。从此，西段和东段仍保持原来的流向，分别注入青海湖和黄河。中段因野牛山隆起，地势变得东高西低，致使西来河水切断，青海湖从此变成了闭塞湖。

　　这时，野牛山为数不多的降水汇成涓涓细流，占用旧河道，向西流入青海湖。这就是出现"细流占宽谷，河水倒着流"的怪现象的原因。

46.为什么阳朔犀牛湖的水会失踪？

两处怎如阳朔好，碧莲峰里住人家。

——（唐）沈彬《题碧莲峰》

【译文】

东晋陶渊明的世外桃源，潘岳的河阳县内处处桃花盛开。可是，这两个地方怎么能同阳朔相比呢？阳朔人住在碧莲峰里啊！

唐朝沈彬的这首诗让阳朔的美甚至超过了陶渊明的世外桃源。阳朔位于广西桂林市，说到桂林，你一定会想到"桂林山水甲天下"，不过，还有一说，你是否知道，就是"阳朔山水甲桂林"。

这里我们要说的阳朔一景，是在烟蒸雾绕的美女峰下，有一个四季景色怡人、宛若仙境的犀牛湖。令人匪夷所思的是，这个湖并不为人所熟知，因为它"会失踪"。

这个面积约20万平方米的犀牛湖，湖水不但甘甜而且清澈见底，能见到成群的鱼虾在湖水中遨游。但是，令人奇怪的是，1987年9月30日，湖水在一夜之间消失得无影无踪了，湖底见天，可怜的鱼虾在泥土中挣扎着。

为什么湖水会在一夜之间悄然消失呢？原来，桂林地区在地质时期是一片汪洋大海，沉积了深厚的石灰岩层，在炎热、潮湿的气候条件下，特别是溶有二氧化碳的水，对石灰岩有强烈的溶蚀作用，使之形成了众多的地下溶洞、孤峰、石林和暗河等景观。

犀牛湖的湖底就是石灰岩层，在这些石灰岩层中不但有一些溶孔，而且石灰岩层的下面有一条地下暗河，石灰岩层中的这些溶孔与地下暗河相通。犀牛湖的湖水就是通过这些溶孔，不断地渗入到地下暗河中去的，以致出现了湖水完全消失的现象。但是一遇到暴雨，雨水便携带着大量泥沙流入犀牛湖中，使泥沙最终沉到湖底，将湖底与地下暗河的通道——溶孔堵塞，这样湖水就会增多，湖面就会升高，湖水就又出现了。

47.为什么能够形成盐湖？

晨烧暮烁堆积高，才得波涛变为雪。

——（宋）柳永《煮盐歌》

【译文】

日夜不停地烧柴火煮盐，才让那滚滚波涛变成了雪白的盐。

这句诗抒发了柳永对晓峰盐场（在今浙江舟山定海区）苦难的盐工深切的同情。不过，这同时也说明，古时候，人们就知道从盐湖中提取盐的方法（煮盐）。

世界上湖泊众多，有淡水湖和咸水湖之分。湖水的含盐量达到3.5%以上，就称为盐湖。它们的分布带主要有：北半球盐湖带、南半球盐湖带和赤道盐湖区。我国最著名的盐湖是青海湖，湖水的含盐量从每升14克到16克，是世界上著名的半咸水湖。当你游走在盐湖周围，常常可以看到环湖有一圈圈银白色的盐带，宛若戴在盐湖上的美丽项圈。盐湖是如何形成的呢？

如果湖泊没有出口，湖水呈封闭或半封闭状态，又地处干旱或半干旱地带，并且湖泊周围还有充足的易溶于水的盐类物质供给湖泊，就构成了形成盐湖的充分条件。晓峰盐场正好满足三面环山一面临海的条件。

那么，盐湖的盐类物质是从哪里来的呢？

一是来自盐湖附近的地面岩石或者盐类矿床。由于这类含盐的矿石被风、水侵蚀，溶解后的物质进入湖中，形成盐湖。二是来自火山喷发的岩浆和逸散的气体物质。火山岩浆中含有钾、钠、钙、镁等硅酸盐，这些易溶盐类溶于附近的湖水就形成了盐湖。三是来自深层卤水溢出。每升深层卤水的含盐量可达300克以上，这些物质通过地壳深层断裂源源不断地输送到湖泊之中，就会形成盐湖。四是来自风力的输送。大风不仅吹起地面的泥沙，还将易溶于水的盐分吹送到湖泊之中。

48.为什么能够在山区河流中形成沙洲？

斜阳半落青天外，二水中分白鹭洲。

——（唐）李白《登金陵凤凰台》

【译文】

远处的三山，依然耸立在青天之外，白鹭洲把秦淮河隔成两条水道。

李白诗句中的二水也作"一水"，指秦淮河流经南京后，西入长江，被横截其间的白鹭洲分为二支。白鹭洲是古代长江中的沙洲，沙洲是河流中露出水面的沙滩，是水流、波浪堆积作用形成的堆积地貌。

河流作用是地球表面最经常、最活跃的地貌作用，它贯穿于河流地貌的全过程。无论什么样的河流均有侵蚀、搬运和堆积作用，并形成形态各异的地貌类型。

一条大河从源头到河口，按照水流作用的不同以及所处地理位置的差异，可将河流划分为上游、中游、下游和河口段。由上游向下游，侵蚀能力逐渐减弱，堆积作用逐渐增强。上游一般位于山区或高原，以河流的侵蚀作用为主；

大部分河流的源头都是高山上的小溪，溪水在岩石间急速奔流。

小溪从山上急流而下，途中不断有其他的溪流与之汇合，因为有了这些支流汇入其间，小溪变成了小河。

河流堆积作用形成的沙滩。

河水继续奔流向前，小河进一步拓宽变成大河，将上游的沉积物冲刷挟带到下游，沉积物沉积下来，形成蜿蜒曲折的河道。

江河的形成过程示意图

中游大多位于山区与平原交界的山前丘陵和平原地区，以河流的搬运作用和堆积作用为主；下游多位于平原地区，河谷宽阔、平坦，尤其以河流的堆积作用为主；河口段位于河流的终段，处于河流与受水盆（海洋、湖泊以及支流注入主流处）水体相互作用下的河段，易形成河口三角洲。

根据上述原理，秦淮河下游流经南京南面，河口区流速和挟沙能力的降低，加之南京南面主要以低山、平原为主，平原本身就是由水流挟带来的大量物质堆积而成，因而，来自河流中、上游和口外的泥沙不断堆积成较厚的冲积层，形成了白鹭洲。

49.沧海桑田的变化是如何发生的？

高石中犹有螺蚌壳，或以为桑田所变。

——（唐）颜真卿《麻姑山仙坛记》

【译文】

高山石头中有螺蚌的壳，我认为有可能是沧海桑田变迁所致。

生物化石是保存在岩石层中的生物遗体，是反映地球沧桑变化的重要痕迹。唐时期的颜真卿等人已经发现了沧海桑田的现象，而且能阐明其变迁的原因。北宋科学家沈括于公元1074年在察访河北时，沿太行山看到山崖之间的螺蚌化石和砾石的沉积带，推断这里过去是海滨，现在东面离海近千里，所谓的大陆，不过是水中混浊的泥沙沉积形成的。沈括不但发现了海陆变迁的根据，而且第一次正确地解释了华北平原形成的原因。

地球自诞生到今天，46亿年来，发生了沧桑巨变。昔日波涛汹涌的大海湖泊，几经变迁，转变为陆地，经过开垦播种，成了阡陌纵横的田桑之地。

那么，沧海桑田的变化是如何发生的？沧海桑田的变化是地球外力和内力作用的结果。外力作用主要是太阳能的作用，由于日晒、风吹雨打，逐渐使高山的岩石破裂粉碎，破坏后产物随流水搬运到河流下游低洼的地方堆积起来。天长地久，上游山上年年有所失，变得越来越低；相反，下游，特别是入海的地方，年年有所得，被逐渐填高；久而久之，山被移掉，海被填平。

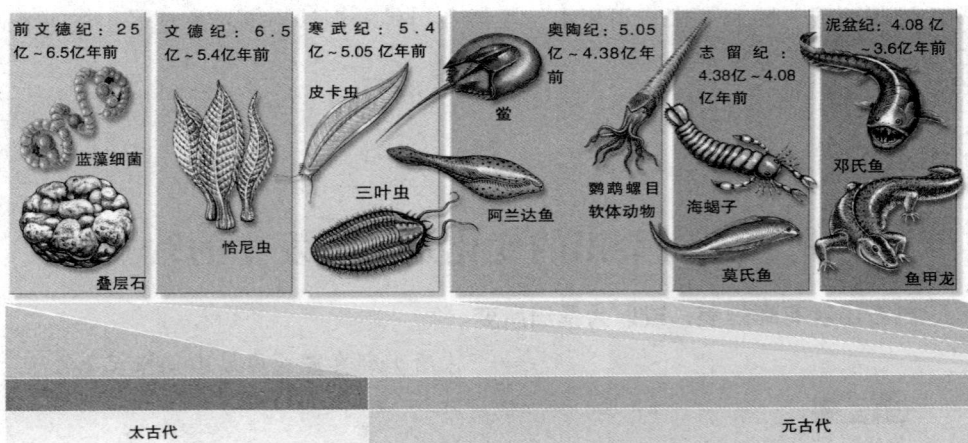

前文德纪：25亿～6.5亿年前
蓝藻细菌
叠层石

文德纪：6.5亿～5.4亿年前
恰尼虫

寒武纪：5.4亿～5.05亿年前
皮卡虫
三叶虫

奥陶纪：5.05亿～4.38亿年前
鲎
阿兰达鱼
鹦鹉螺目软体动物

志留纪：4.38亿～4.08亿年前
海蝎子
莫氏鱼

泥盆纪：4.08亿～3.6亿年前
邓氏鱼
鱼甲龙

太古代　　　　　　　元古代

在过去的几亿年中，动植物留下了一个巨大的化石宝库，包括奥陶纪的鹦鹉螺目软体动物、泥盆纪大量的鱼类以及爬行动物时代那些令人惊叹的遗迹。

内力作用如地壳的上升运动和水平运动，尽管这种运动十分缓慢，但由于范围广、时间长，其作用是难以想象的。地球上海陆分布主要是这种地壳运动的结果。今天我国绵亘的高山，当初大多是海，这些山脉的分布大都反映了古代海的轮廓。喜马拉雅山在一亿八千万年前还是一片汪洋大海，是鱼游戈的地方，后来横空出世，升出海面，才成了世界第一高峰。我国在珠穆朗玛峰地区发现鱼化石，有力地证明了海枯陆生、沧海桑田的变化。

50. 为什么岛屿边缘呈弧状？

烟中岛屿远历历，风外岩壑寒飕飕。

——（宋）文同《彦思有北楼见寄之作依韵和答》

[译文]

烟雾中远处的岛屿依旧清晰可见，疾风吹过岩石深谷冷飕飕。

古代诗人的诗词中不乏对岛屿的描写，在我们的印象中，岛屿的边缘都是弧形的，因此，从地形角度来说，它们叫作岛弧。

那么，为什么这些岛弧是弧形呢？你可以用一个乒乓球做一下试验。用手指将乒乓球按一个凹，观察一下凹坑的边缘，你会发现边缘一定是弧形的。事实上，要在球体表面让其一部分向下弯折，就必然形成弧形。地球是球体，当板块俯冲

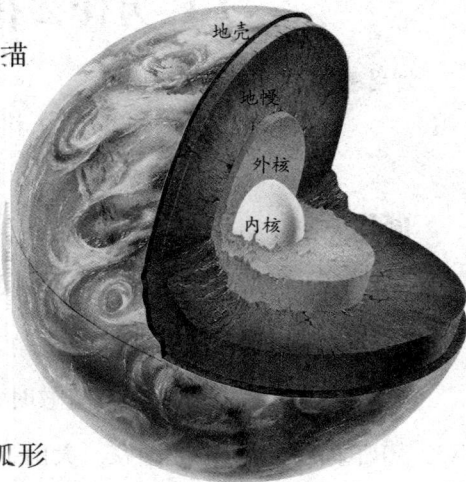

地球结构剖面图
地球从内到外依次分为地核、地幔和地壳三层。

时，俯冲部分就会向下弯折，形成岛弧，就像用手捏乒乓球一样。所以岛弧都是弧行延伸的，弧形的曲率反映了当地板块向下弯折的程度。

除了岛弧的形状，我们还有必要了解一下岛弧是如何形成的。它是在海陆板块的"恶战"中形成的，在"恶战"之中，海洋板块的下部熔入地幔层，使得地幔层内原本就"盛满"的岩浆被迫挤了出去。岩浆在地壳之下到处流动，不断寻找突破口，最后从海陆板块的交界处的一些裂痕，也就是地壳最薄弱的地方喷涌而出，形成了火山爆发。随着多余岩浆的排出，地幔内的空间渐渐得以恢复，火山也就停止了喷发。不过，喷出地面的岩浆慢慢冷却，最终在大陆边缘形成了一块块巨大的"岩石"，即岛弧。此外，由于岛弧和海沟（海底凹地）都是由海陆板块相撞引起的，它们的诞生时间几乎一致，所以人们就将岛弧与海沟比作一对形影不离的孪生姐妹。只要有海沟的地方，就一定能看见岛弧，比如我国的台湾岛与琉球海沟。

51. 为什么有如此多的山？

会当凌绝顶，一览众山小。

——（唐）杜甫《望岳》

【译文】

登上泰山的顶峰俯瞰众山，众山就会显得极为渺小。

当我们登上海拔很高的山俯瞰时，就会有和杜甫一样的感慨——"众山小"。我国是一个多山的国家，大山、小山数量众多。其实从世界范围来看，山的数量也不小。

在人类居住的地球上，陆地面积只占地球表面积的29%左右。但就在这面

造山运动造就了地球上众多的山脉。

积不大的陆地中，海拔2000米以上的高山以及高原占11%，而海拔1000米以上的山地竟有28%以上，面积大约有4200万平方千米。如果再算上丘陵和低山，陆地上的平原几乎所剩无几。为什么会出现这样的状况呢？

这是因为地球像个"生命"体一样，它不断地运动和变化。地壳自形成以来，自身的物质与能量就不断地发生变化。地壳运动导致岩石变形、海陆变迁，地表形态无奇不有。今天，我们所见的地壳表面面貌，只不过是地壳漫长发展历史中的一个小片断。我国著名地质学家李四光认为：造山运动的主要动力是地壳的水平运动形成挤压。挤压大致分为两种挤压力：一种是地球自转而造成东西向的水平挤压；另一种是在不同的纬度，地球自转的线速度不同而造成地壳向赤道方向的挤压。这两种挤压和地壳受力不均所造成的扭曲，最终形成不同走向的山脉。

由于种种复杂的原因，我国的高山不但很多，面积很广，而且形状也千姿百态，各不相同。

52.为什么火焰山会有烈焰燃烧？

赤焰烧虏云，炎氛蒸塞空。不知阴阳炭，何独烧此中？

——（唐）岑参《经火山》

译文

　　火山的烈焰能燃烧那远天的云朵，灼烫的气浪蒸热了广漠的塞外天空。火炉之大，如天高地阔，燃料之多，集全部阴阳（古人认为阴阳二气是构成万物的基础）于一地，从而燃着了这座石山。

　　岑参诗句中所写是火焰山，你是否想起了《西游记》中孙悟空向铁扇公主借芭蕉扇扇灭火焰山的熊熊大火？虽说《西游记》里的火焰山纯属虚构，不过，火焰山确有此地，就在当年唐僧取经路过的新疆吐鲁番盆地的北缘。

　　每当盛夏，红日当空，赤褐色的山体在烈日照射下，砂岩灼灼闪光，炽热的气流翻滚上升，就像烈焰熊熊，火舌燎天，故得名"火焰山"。

　　火焰山为天山支脉之一，形成于五六千万年前的喜马拉雅造山运动时期。而天山是地质活动较为剧烈的地区，埋在地层中的水平煤层经过多次地质运动大多变为倾斜煤层，煤层露头后与空气接触，氧化后积热增温，易

火焰山

引发自燃，最终酿成煤田火灾。因而，煤层自燃现象，在新疆境内并不罕见。尽管自2008年以后，这里已经没有明火烧山的现象了，但是此地独特的自然地理条件，仍旧将火焰山造就为"火焰山"，将吐鲁番造就为"火洲"。

吐鲁番盆地深居内陆，夹处在东天山博格达山脉与库鲁克塔格山脉之间，形成著名的吐鲁番—哈密陷落盆地。又因气候极度干旱，流水搬运物质的能力很弱，盆地中水力的堆积作用甚微，而火焰山又盘亘在盆地中北部，阻拦效应使天山流水侵蚀的风化物质难以进入盆地中心，其陷落后得不到物源补充，盆地自然越来越低洼。山地与盆地在短距离内高差超过5600米，气流下沉增温产生的焚风效应，使得此地干燥炎热。

加之吐鲁番远离海洋，海洋湿润气团无力进入，西来的大西洋水汽又被天山阻隔。而且地表多为砂石和干泥土，比热容较小，白天太阳辐射强烈时，地面大量并快速地吸收热量，再不断把热量传给大气，使得气温炎热。夏季，吐鲁番白昼最高气温可达50℃或以上，当之无愧为全国的"炎热冠军"，素有"火洲"之称。

因而，火焰山山体沟壑林立，草木无覆，在炎热的夏季，裸露的表层在太阳烘烤下温度可达75℃，热浪翻滚，使人透不过气来。

53.为什么不能让胡马度过阴山?

但使龙城飞将在，不教胡马度阴山!

——（唐）王昌龄《出塞》

【译文】

要是镇守边关的大将李广今天还健在，绝不会让胡人的军队翻过阴山。

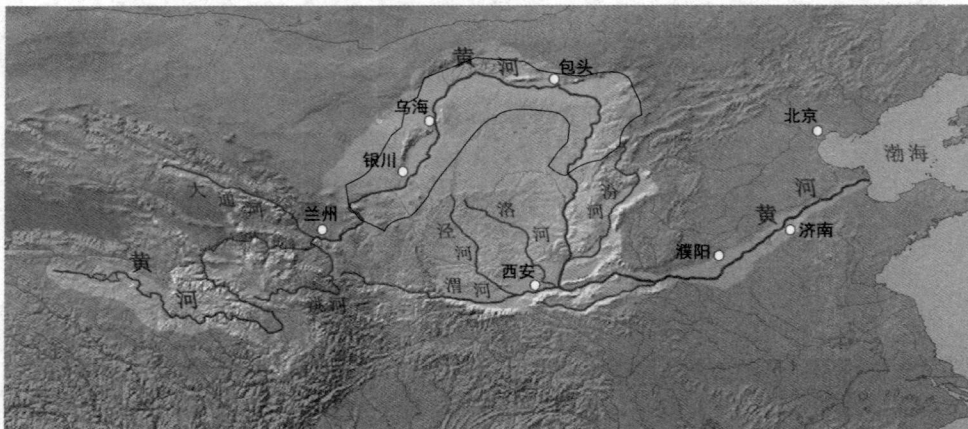

河套平原

  阴山山脉平均海拔高度在1500至2300米之间，横亘于内蒙古自治区中部，东段进入河北省西北部，连绵1200多千米，南北宽50~100千米，是黄河流域的北部界线，仿佛一座巨大的天然屏障。同时阻挡了南下的寒流与北上的湿气，因此，阴山南北气候差异显著，是草原与荒漠草原的分界线。山南年均温5.6~7.9℃，风小而少，年均风速小于2米/秒，无霜期130~160天；而山北年均温为0~4℃，风大而多，年均风速4~6米/秒，无霜期95~110天。因此，阴山南麓的雨水较为充沛，适宜发展农业，是汉族的主要聚居区，古代称"中原"。而在阴山西北，植被以草地为主，适宜发展畜牧业，生活着被称为胡人的少数民族。就这样，阴山成了中国古代游牧文化与农耕文化的分界线。

  提到阴山，就有必要提到河套平原，一般讲的河套平原主要指阴山以南的黄河冲积平原，黄河由于阴山阻挡而向东，后沿着吕梁山向南，形成"几"字形，故称"河套"，而且素有"黄河百害，唯富一套"之说。河套平原全年日照时数长达3100~3300小时，光热资源丰富，是中国日照时数最多的地区之一。河套平原农田设施完善，土地肥沃，灌、排工程体系完善，种植业发达，经营水平高。因而，这里物产丰富，主产小麦、玉米、葵花、河套蜜瓜等。河套平原南北朝时称"敕勒川"，"敕勒川，阴山下，天似穹庐，笼盖四野，天苍苍，野茫茫，风吹草低见牛羊"，这首我们耳熟能详的《敕勒歌》就是阴山下河套平原从古至今最好的名片。

当然，也正是由于气候适宜和作物资源丰富，古时胡人开始觊觎东南汉族的地盘，也因此有了许多关于阴山的诗句。王昌龄的"不教胡马度阴山"正是描写唐代遏止北方少数民族对于中原入侵的诗句。

54. 为什么燕山时期的造山运动称为"燕山运动"？

大漠沙如雪，燕山月似钩。

——（唐）李贺《马诗》

【译文】

平沙万里，在月光下像铺上一层白皑皑的霜雪。燕山明晃晃的月牙好像弯刀。

李贺的这句诗展现出一片富于特色的边疆战场景色。燕山，位于中国河北平原北侧，由潮白河谷到山海关，大致呈东西向，长300多千米，属褶皱断层山，海拔在400～1000米。滦河切断此山，形成峡口——喜峰口，潮河切割形成古北口等，自古为南北交通孔道，在军事中也很有地位，古代与近代战争中，常常是兵家必争之地。

燕山山脉（广义）属内蒙古台背斜和燕山沉陷带。北部稳定上升，南部大量沉降。燕山沉陷带震旦纪地层极厚，沉积中心的蓟县、遵化一带厚度达万米以上。中生代末发生强烈的构造运动，褶皱成山，故称此期的造山运动为"燕山运动"。

燕山运动最主要的特征是中国东部的褶皱隆起。虽然燕山本身是一座东西向的山脉，但是在燕山运动中最显著的构造运动特征走向是东北–西南走向，这意味着中国大陆东部一带受到来自东南方向向西北方向的挤压。

那么是谁在挤压呢？从现在的板块构造来看，我们的东南面是菲律宾板块和太平洋板块，它们都是古太平洋的板块，可以合称为泛太平洋板块。我们不能说导致燕山运动的是太平洋板块，但可以确定那个（或那些）板块是属于古太平洋的，也就是说是泛太平洋板块。具体的，已知向亚洲大陆俯冲的板块中，其中一个俯冲消减带在中国东北、朝鲜半岛和西伯利亚的太白山脉、锡霍特山脉一带，那个板块现在已经完全消减，其残骸在地幔软流圈的熔融上升中导致东北平原的沉降和东北地区一系列玄武质火山的喷发。而长白山的火山则是该俯冲带边缘火山的最后代表。

熔岩山

褶皱山

断层山

三种不同类型的山脉

燕山属于褶皱断层山，即由褶皱运动和断层运动共同作用形成。

燕山运动就是泛太平洋板块开始向亚欧板块俯冲的结果。在俯冲的初期，由于大洋板块向下俯冲的角度还比较小，深度也不大，所以形成紧耦合（就是模块或者系统之间关系太紧密，存在相互调用），在俯冲消减带后方以挤压隆起为主，导致中国大陆东部一系列东北–西南走向的山脉的隆起。在后期，由于俯冲板块俯冲角加大，俯冲速度加快，板块前端在软流圈的熔融上升中导致东北平原、华北平原、渤海、黄海的大范围沉降、海侵运动。

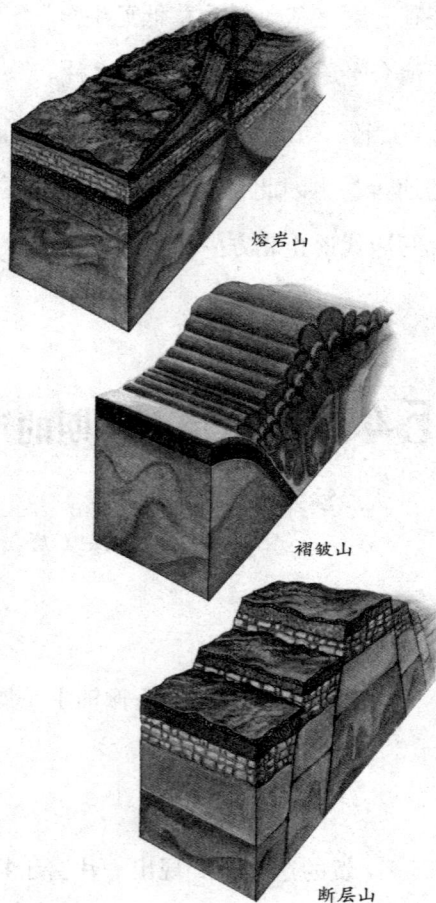

55.为什么庐山是断块山？

横看成岭侧成峰，远近高低各不同。

—— （宋）苏轼《题西林壁》

［译文］

从正面看，庐山是横长的山岭；从侧面看，是高耸的山峰。你再从不同距离、不同高度去看，庐山都是各不相同的形象。

《题西林壁》是苏轼游观庐山后的总结，它描写了庐山变化多姿的面貌。庐山是一座崛起于平地的巍峨的孤立山系，长约25千米，宽约10千米，绵延的90余座山峰犹如九叠屏风，屏立如江西的北大门，以雄、奇、险、秀闻名于世。那么，让我们来看一看如此险峻的庐山是怎么形成的？它是经过漫长复杂的地质运动形成的：早在震旦纪就在浅海底开始沉积，经过"吕梁运动"（即造山纪的构造期）慢慢升高，露出水面受到锉磨，后下沉淹没到汪洋海水中，直至白垩纪时发生"燕山运动"，掀起"褶皱"波涛重新露出水面，当地壳运动产生的强大压力和张力超过了岩石的承受能力时，岩体就会破裂。岩体发生破裂后，如果两侧的岩体沿断裂斜面发生明显的位移，就形成了断层。如果断层的位移以水平方向为主，则会错断原有的

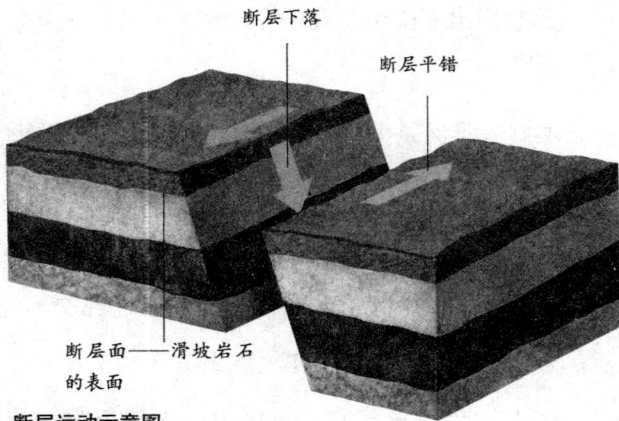

断层运动示意图

-77-

各种地貌，或在断层附近派生出若干地貌，如大裂谷；如果断层的位移以垂直方向为主，则其中相对下降的岩体形成谷底或低地，相对上升的岩体发育成庐山山岭（断块山）；又经长期积雪覆盖，到四世纪末地球变暖，再经更强烈的冰川剥蚀，因而造就了崔嵬孤突的山体。

庐山属于地垒式断块山，即断块沿两条或多条断裂隆起而成的山地。两侧山坡较对称，为陡立的断层崖，山坡线较平直，与相邻的谷地或盆地间有明显的转折，在岩层产生形状接近水平的地区，形成平顶山（桌形断块山），如山东泰山、陕西华山等都是这种地垒式断块山。断块山影响河谷发育。断块翘起陡峻的一坡河谷切割深，谷坡陡，谷地横剖面呈V形峡谷，纵剖面坡度大，多跌水、裂点，形成瀑布，因而庐山有三叠泉瀑布、大口瀑布。

56.为什么说秦岭不是岛弧—海沟结构？

云横秦岭家何在？雪拥蓝关马不前。

—— （唐）韩愈《左迁至蓝关示侄孙湘》

【译文】

云彩横出于南山，我的家在哪里？立马蓝关，大雪阻拦，前路艰危。

秦岭—淮河是中国地理上最重要的南北分界线，在北方生活习惯的韩愈被贬谪到秦岭以南的潮州，在马拉车的年代，去偏远、潮湿的地方可谓前途未卜。

秦岭是横贯中国中部的东西走向山脉，西起甘肃南部，经陕西南部到河南西部，主体位于陕西省南部与四川省北部交界处，呈东西走向，长约1500千米。为黄河支流渭河与长江支流嘉陵江、汉水的分水岭。

今天，我们看秦岭—王屋山—太行山与旁边的汾渭谷地的地形图，呈弧形，它们是以巨大高差的断层为界的，似乎特别像岛弧—海沟构造，那么，它们是否是古岛弧—海沟俯冲带呢？

其实，它并不是古岛弧—海沟俯冲带，所有的岛弧都是向海沟方向突出的，可秦岭—太行山相对于汾渭谷地是凹进的，所以不可能是岛弧。

青藏高原隆起到一定高度后，由于受重力作用不能继续升高，其物质向东、东北、北三个方向流动，在东部受到四川盆地坚硬地块阻挡，北部受到塔里木地块阻挡，东北部受到鄂尔多斯地块阻挡，于是一方面它将鄂尔多斯地块向东北方向压缩，另一方面在三个地块之间的地带发生挤出现象，秦巴山地向东挤，阿拉善地区向北挤，并导致这两个地区和鄂尔多斯地块之间出现带有走滑的张性裂谷，也就是汾渭谷地和银川—河套谷地。你仔细观察汾渭谷地的形状，大小和形态是不是和同样是裂谷的贝加尔湖相似呢？

不过秦岭—大别山一带是古杨子板块（我国古地质板块构造之一，大致包含我国华南东部、四川东部，长江沿线及其以南地区）与华北板块的缝合带，是板块边界，是中国三叠纪中央造山带（昆仑山—秦岭—大别山）的一部分。但秦岭和渭河谷地不是岛弧—海沟结构。因而，弧形构造不一定是岛弧，也可能是陆地造山带，最好的例子就是喜马拉雅山。

事实上，汾渭谷地是一个张性的裂谷，而不是压性的俯冲带，秦岭和渭河

秦岭是昆仑山脉的延伸，位于亚欧板块内，属南亚陆间区与中轴大陆区交界的北缘。

谷地之间的断裂是正断层而不是逆冲断层（倾角小于30°的逆断层）。断层形成后，上盘（断层面上部的岩块）相对下降，下盘（断层面下部的岩块）相对上升的断层称正断层。它主要是受到拉张力和重力作用形成的。正断层产状较陡，通常在45°以上，而以60°左右者较为常见。正断层在地形上表现显著，多形成河谷、冲沟和湖泊等。

57.为什么说雨花石来自于岩浆?

南朝四百八十寺，多少楼台烟雨中。

——（唐）杜牧《江南春》

【译文】

昔日京城（指今南京市）到处是烟雾笼罩的寺庙，如今又有多少亭台楼阁还矗立在朦胧的烟雨之中?

古时候南京众多的佛寺楼台让人流连忘返，杜牧当然也不例外，不过，在欣赏的同时，也会让人偶尔浮起历史沧桑的感慨。

南京，这座历史悠久的城市从古到今都是人们的旅游胜地，今天，到南京旅游的人，几乎都要到闻名遐迩的雨花台烈士陵园去，并且不忘带回色彩斑斓的雨花石。如此亮丽夺目的

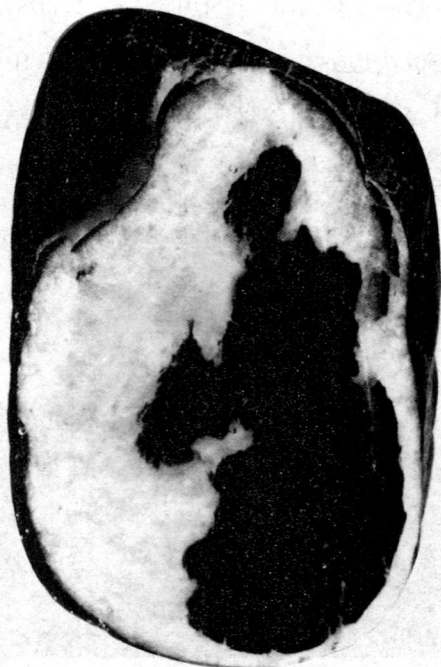

"李时珍采药"雨花石

雨花石从何而来呢？

这就得从地质变迁说起了。大约2000万年前，长江上游地区的一次强烈的地壳运动致使岩浆在高温、高压的条件下同一些有机物、无机物混合，冷却后形成了五颜六色的岩石。岩石形成时个体很大，它们随流水进入长江上游水中，而滚滚东去的长江水又挟带着它们来到了南京。

那时南京一带地势低平，长江水流到此处时，流速减慢，小石块随即沉积在这段河床的底部。小石子由上游山区经长途跋涉来到南京，经风吹、日晒、雨淋，加之在河水的冲刷以及石块之间的相互冲撞和摩擦下，棱角磨去、个头变小，形成了鹅卵形的雨花石。

不过，不要误会，雨花石并非雨花台的专利，在其附近的长江古河道中均有雨花石分布，遗憾的是，它们中的大部分尚在泥土之下熟睡，还没有见到天日。

58.为什么石灰岩地带易形成溶洞？

君不见益州城西门，陌上石笋双高蹲。

——（唐）杜甫《石笋行》

【译文】

你没看见益州（古地名，在今四川一带）城西门外，两株石笋双蹲，一南一北？

《成都记》中记载过，距石笋二三尺，每当盛夏六月大雨，往往陷作土穴，里面是深广的清水，以竹测之，深不可及。以绳系石而投下，愈投而愈无穷。古人的知识还不足以解释这种自然现象，因而传言这是海眼，而且还说石笋是镇海眼之物，不可乱动。

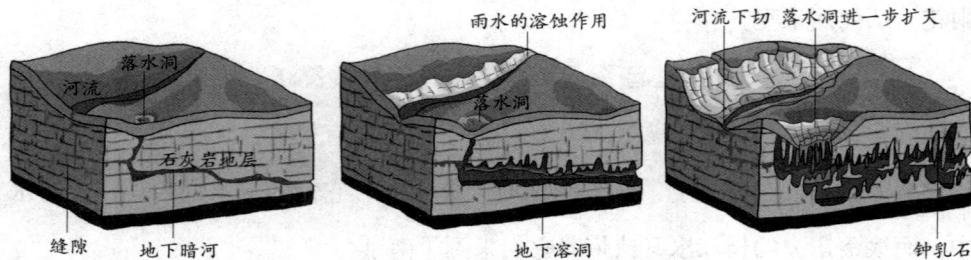

溶洞形成的第一阶段：地表水沿着石灰岩裂隙进入地层，形成在地层中流动的地下暗河。

溶洞形成的第二阶段：在地下水溶蚀作用下溶洞开始形成，并不断扩大。

溶洞形成的第三阶段：地下暗河消失，洞中开始生成钟乳石等石灰岩堆积物。

　　根据今天的知识，我们知道古人的说法是不正确的，那并不是海眼，而是溶洞。今天，石灰岩溶洞大多是著名的旅游胜地，溶洞中变化万千的钟乳石、石笋和石柱，宽敞高大的洞厅，迂回曲折的通道，可以航行的河道都给我们留下了深刻的印象。那么，这些深而广的溶洞又是怎样形成的呢？

　　很久以前，这些地方都是一片片面积很大而又厚实的石灰岩山地，经过大自然千百万年的精细雕塑，才形成现在这样风景秀丽的石林山洞。不过，大自然的雕凿工具不是形状奇特的刻刀，而是降雨汇成的潺潺流水。

　　坚硬的石灰岩又是怎样被水"雕塑"成千姿百态的景观的呢？原来，石灰岩的主要成分是碳酸钙，很容易被含有二氧化碳的水溶解，并随水流走。天长日久，流水就会把岩石的裂缝和小孔剥蚀成大小不等的洞穴。这些洞穴顶部裂缝渗下的水中，总是含有很多被溶解的碳酸钙，水一渗出孔穴，水中的二氧化碳就会散逸，加上水分蒸发，就使碳酸钙沉淀出来，附着在洞顶，越积越多，逐渐形成了像挂在屋檐上的冰锥似的钟乳石。当洞顶上的水滴落下来时，石灰质也在地面上沉积起来，就这样石笋对着钟乳石向上长起来。如果石笋和钟乳石连在一起，就是顶天立地的石柱。

　　石灰岩的溶解速度在不同地带大不相同。只有在高温多雨的地带，石灰岩才溶解得最快，利于溶洞形成。因此，溶洞多产在南方，且规模都较大。

59.李白为什么发出蜀道"难于上青天"的感慨?

蜀道之难,难于上青天。

——(唐)李白《蜀道难》

【译文】

蜀道太难攀,简直难于上青天。

四川、重庆两地在三国时代隶属蜀国,境内四面高山,围住一块四川盆地成天府之国。北面大巴山,东面巫山,南有大凉山,西面是雪山高原,把这个盆地围得严严实实。陆路崎岖难行,水路险滩重重,自古以来对外交通都极为不便。

古时候,长江可以说是走出四川盆地的稍微便利的唯一通道,但长江流经四川东部形成了一系列峡谷,江底硬岩横亘,水流湍急不利航行;长江上游三峡之险,危崖千尺,河槽深陷,险滩错杂,礁石林立,水流起伏回转,航道弯曲狭窄,也是障碍重重,极有风险;南部又有乌江"天险"阻隔,两岸山势峭立,水势汹涌,多险滩,是水上交通的险途。盆地北部仅有栈道(在悬崖峭壁上铺成的木板路),人行其上,险象环生。西南高山深谷间以索桥相联,西北多高原雪山,更是不可能通行。因此,李白留下的诗句"蜀道难,难于上青天"成为历史的真实写照。

更值得一提的是位于四川北部的屏障——剑门关,即李白诗中提到的"剑阁峥嵘而崔嵬,一夫当关,万夫莫开",更是以天险著

剑门关

称，古时为兵家必争之地。

剑门山地处四川盆地北部边缘断褶带。在侏罗纪时期（距今约2亿年到1.4亿年），四川周围隆起成山，盆地积水成湖，因受强烈风化侵蚀作用，山地为湖盆提供了丰富的沉积物。白垩纪时期（距今约1.4亿年到0.65亿年），剑门山脉正处在蜀湖北部边缘龙门山前山带，北坡陡峭，当龙门山强烈上升时，形成剑门洪积堆与剑门砾岩。在喜马拉雅运动中，龙门山再次强烈上升，剑门山再次凸显，形成了今天的剑门山。

60.为什么吐鲁番盆地成为我国内陆的最低点？

虏骑闻之应胆慑，料知短兵不敢接，车师西门伫献捷。

——（唐）岑参《走马川行奉送封大夫出师西征》

【译文】

敌人的骑兵听到我大军出征的消息一定心惊胆颤，我早就料到，他们不敢短兵相接，我就在军师城西门等待报捷的消息。

岑参的这句诗写敌军闻风丧胆，预祝我军凯旋。诗句中的车师为唐安西都护府所在地，即今新疆吐鲁番境内。古时候人们未必知道吐鲁番是最低点，但如今，我们已经知道吐鲁番是我国内陆最低点。不过，你是否知道吐鲁番为什么那么低？

没错，是陷落而成的。那又为什么发生陷落呢？这就是造山运动的结果。很多人可能对造山运动的理解存在误区，以为造山运动只造山。事实上，造山运动不仅造山，也造谷地、盆地。做一个形象的比喻：把一堆棋子一个挨一个地排列，然后在旁边施加压力，把它们向中间挤，那么必定会有一些棋子跑到别的棋子上面去压着。棋子的下面是坚硬的桌子，它无法向下凹陷，所以你只能看到上面的棋子被抬高了，而无法看到下面的棋子被压低了。

但是地壳的下面没有坚硬的桌子，而是成熔融状态的软流圈。因此，一旦有某个地块在水平挤压作用下跑到另一个地块的上面，那么一方面上面的地块会被抬高成高山，另一方面，下面那个地块必定向下陷落成盆地或谷地。

吐鲁番盆地就是因为印度板块向北挤，导致青藏高原向北移动，青藏高原又推动了塔里木地块向北挤，在天山一带发生褶皱和断裂。

天山地区因为历史上的多次地壳运动的作用，地层比较破碎，有很多断裂，也就是说这里的岩石本来就是由很多小块拼接而成，一旦被挤压，很容易发生其中一块压到另一块上面去这样的事。吐鲁番盆地正是这样被它旁边某个地块压住了，所以向下陷落为盆地。

但是吐鲁番盆地并不是陷落特别深的地方。它现在表现出相对比较深，是因为这个地区气候干旱，又没有大河流入，所以没有带来足够的填充它的物质，于是它的海拔仍然比较低。

事实上有很多的陷落盆地或谷地，都比吐鲁番盆地陷落的量大得多。例如在华北平原某些地区，地层一直向下沉了10千米之多，但是华北平原上并没有出现一个海拔很低的低地，那是因为那里的河流带去了大量泥沙，将断陷盆地给填平了。这下，吐鲁番成为我国内陆最大盆地的原因你清楚了吧。

61.为什么江南会形成丘陵地形？

山重水复疑无路，柳暗花明又一村。

—— （宋）陆游《游山西村》

【译文】

当山和水不断重复，我正怀疑无路可行的时候，忽然看见柳色浓绿、花色明丽，又一个村庄出现在眼前。

陆游的这句诗描写的是一种典型的江南丘陵地貌。丘陵地貌在我们的印象中就是一层层堆积上升的盆地。长江以南、南岭以北、武夷山和天目山以西、雪峰山以东，包括湘、赣两省中南部和浙西、皖南地区的大片低山和丘陵，总称江南丘陵。介于北纬25°～31°，东经110°～120°，面积约37万平方千米。

这种丘陵地貌是如何形成的呢？燕山运动决定了全区地貌基本格局。三叠纪初期普遍海浸，三叠纪末期形成褶皱构造。白垩纪时岩浆活动强烈，南部地区有花岗岩侵入，东部浙闽一带有流纹岩喷出。白垩纪晚期发生大规模断裂活动，形成许多山地和山间断陷盆地，因而盆地多分布于山岭间，两侧多为断层界限，底部为红色碎屑岩层。第三纪末和第四纪初期，低山丘陵和盆地地区仍保持温暖湿润的环境。更新世晚期气候较干燥，北部有下蜀黄土堆积（黄土状堆积物）。

中生代以来南部抬升，北部断裂沉陷，形成向北倾斜的地势。主要部分可视为湘赣两省毗连的大洼地，东南西三面均有山地盘踞，地表径流分别通过湘江、澧水和赣江等河流注入洞庭湖和鄱阳湖，然后北入长江。这正好形成了盆地内的辐合水系，稍大的河流往往穿过一个或几个盆地。

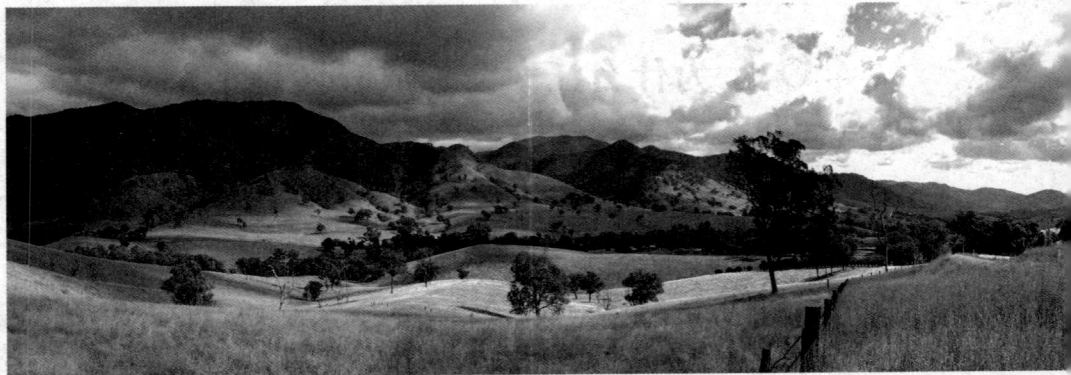

普通的丘陵远观

由于三面环山，形成了封闭的盆地地形，使气候逐渐变得干热，水的面积急剧缩小，黄土堆积物和流水沉积物由海相、海陆交替相变为陆相，大量风化、侵蚀、剥蚀的物质在盆地堆积了数千米厚，形成红色和紫红色的砂、泥、页岩，从而构成了江南丘陵众多规模不等的红色盆地。山区土壤因母质及水热条件的差异，自下而上有红壤、山地黄壤、山地黄棕壤和山地草甸土（发育于地势低平、受地下水或潜水的直接浸润并生长草甸植物的土壤）的垂直分异，红壤主要位于1000米以下，上面生长着常绿阔叶林。

江南丘陵地区人口稠密，开发历史悠久，是中国重要农业区之一，主要粮食作物有水稻、小麦等，油茶、茶、柑橘等亚热带经济作物的产量在全国也占很大比重。林业、水力等资源也较丰富。

62.为什么说成土母质是土壤的最初来源?

锄禾日当午，汗滴禾下土。

——（唐）李绅《悯农》

【译文】

烈日当空的正午，农民辛勤地劳动，汗水滴到了泥土上。

我国自古以来就是一个农业大国，农业的根本是土地，能够让作物生长的是土地上的土壤，而这是大自然赐给人类的礼物。我们知道，土壤是由岩石风化而成的矿物质。那么，土壤是如何被风化而成的呢？

风化作用使岩石破碎，理化性质改变，形成结构疏松的风化壳，其上部可称为土壤母质。如果风化壳保留在原地，形成残积物，便称为残积母质；如果在重力、流水、风力、冰川等作用下风化物质被迁移形成崩积物、冲积物、海积物、湖积物、冰碛物和风积物等，则称为运积母质。然后，母质在气候与生物的作用下，经过上千年的时间，才逐渐转变成可生长植物的土壤。这么说，成土母质代表土壤的初始状态，是土壤形成的物质基础和植物矿质养分元素（氮除外）的最初来源。

首先，成土母质的类型与土壤质地密切相关。不同造岩矿物（包括石英、钾长石、黑云母、钠长石和橄榄石等）的抗风化能力差别显著，由于石英含量越高的矿物，抗风化能力越强，因此，发育在石英含量较高的酸性岩母质上的土壤质地一般较粗，即含砂粒较多而含粉砂和黏粒较少；而发育在基性岩母质上的土壤（以不含石英为特征）质地一般较细，含粉砂和黏粒较多，含砂粒较少；此外，发育在崩积物和风积物上的土壤含石块较多，而在洪积物和冲积物上发育的土壤具有明显的质地分层特征。

其次，土壤的矿物组成和化学组成深受成土母质的影响。不同岩石的矿物组成有明显的差别，其上发育的土壤的矿物组成也就不同。发育在基性岩母质上的土壤，含角闪石、黑云母等深色矿物较多；发育在酸性岩母质上的土壤，含石英和白云母等浅色矿物较多；其他如冰碛物和黄土母质上发育的土壤，含水云母和绿泥石等黏土矿物较多，河流冲积物上发育的土壤亦富含水云母，湖积物上发育的土壤中多水云母等黏土矿物。从化学组成方面看，基性岩母质上的土壤一般铁、锰、镁、钙含量高于酸性岩母质上的土壤，而硅、钠、钾含量则低于酸性岩母质上的土壤，而火山喷发后留下的石灰岩母质上的土壤，钙的含量最高。

这样，成土母质对于土壤的形成有着至关重要的作用，这种作用在土壤形成的初期阶段最为显著。不过，成土过程进行得愈久，母质与土壤间性质的差别也愈大。但即便如此，土壤中总会保存有母质的某些特征。

第四章　发现生命玄机

DISIZHANG　FAXIAN SHENGMING XUANJI

63.青苔都生长在陆地上吗?

应怜屐齿印苍苔,小扣柴扉久不开。

——(宋)叶绍翁《游园不值》

[译文]

也许是园主担心我的木屐踩坏他爱惜的青苔,我轻轻地敲打柴门,久久没有人来开。

民间有谚语"三月青苔露绿头,四月青苔绿满江"。不论哪种青苔,都是附生在阴暗潮湿的石块或岩石上的苔藓植物,春暖时抽丝发苔,三月末、四月初长成又长又绿的青丝。诗人巧妙地借"青苔"点出是满眼绿意、生机勃勃的早春时节。可你知道吗,其实,青苔最初并不是生长在陆地上的,而是生长在水中。

也就是说,池塘中的"青苔",又称"青泥苔",和陆地上的青苔是"亲戚",它们都是丝状绿藻的总称,包括水绵、刚毛藻、水网藻等。可水中的"青苔"如果大量繁殖,一方面会争夺其他藻类生活的空间,并消耗池塘水中的养料,影响浮游生物的繁殖,使池水溶氧偏低;另一方面,当鱼、虾、蟹苗游入"青苔"时,往往被乱丝缠死。不知道是不是由于生存空间不够用了,它们才渐渐地"爬"上了陆地。至今这还只是个猜想。

但有一点我们是可以肯定的,那就是青苔"爬"上陆地对于土壤的形成是做出了突出贡献的。首先,青

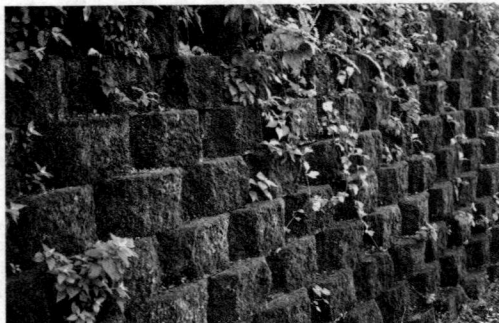

长满了青苔的墙壁

苔是自然界的"拓荒者"。许多青苔都能够分泌一种液体，这种液体可以缓慢地溶解岩石表面，加速岩石的风化，促成土壤的形成，所以青苔也是其他植物生长环境的开路先锋。同时，青苔还具有保持水土的作用。群集生长和垫状生长的苔藓植物，植株之间的空隙很多，因此，它们具有良好的保持土壤和贮蓄水分的作用。更加神奇的是，有些青苔（如泥炭藓）本身就有大型的贮水细胞，可以吸收高达本身重量20倍的水分。你看，青苔的确做出了突出贡献吧，它们不但创造了土壤，还负责土壤的后期"保卫"工作。

64.为什么草会一岁一枯荣?

离离原上草，一岁一枯荣。

——（唐）白居易《赋得古原草送别》

【译文】

长在古原上的野草多么茂盛，每年枯萎又每年新生。

草本植物是一类植物的总称，但并非植物科学分类中的一个单元，人们通常将草本植物称作"草"。但其实，草只是草本植物的一种，与草本植物相对应的概念是木本植物，人们将木本植物称为"树"。但是偶尔也有例外，比如竹，就属于草本植物，但人们经常将其看作是一种树。

那么，我们应该如何区别草本植物和木本植物呢？草本植物和木本植物最显著的区别在于它们茎的结构。草本植物的植物体木质部较不发达，茎为多汁、柔软的"草质茎"，茎中密布很多相对细小的维管束，充斥维管束之间的是大量的薄壁细胞，在茎的最外层是坚韧的机械组织。草本植物的维管束也与木本植物不同，维管束中的木质部分布在外侧而韧皮部则分布在内侧，这样可以很好地借由细胞吸水膨胀时对胞壁产生的压力来维持形状（简称膨压），提供支撑力。而这与木本植物完全相反。另外草本植物的维管束不具有形成层，不能不断生长，因而树会逐年变粗而草和竹子就没有这样的本领。

木质部的导管传输水分

形成层

韧皮部的导管
输送同化物

草本植物按生活周期的长短，一般可分为一年生、二年生或多年生。草本植物多数在生长季节终了时，其整体部分死亡，包括一年生和二年生的草本植物，如水稻，萝卜等。多年生草本植物的地上部分每年死去，而地下部分的根、根状茎及鳞茎等能生活多年。看到这，我们知道，白居易诗句中"一岁一枯荣"的草正是多年生草本植物。

强壮的纤维

茎里面富含的导管和纤维对于传输养料和水分具有重要的作用。

木本植物的茎部结构

不过，草本植物中，一年生、二年生和多年生的习性，有时会随地理纬度及栽培习惯的改变而改变，如小麦和大麦在秋播时为二年生草本，在春播时则成为一年生草本；又如棉花及蓖麻在江浙一带为一年生草本，而在低纬度的地方可长成多年生草本。

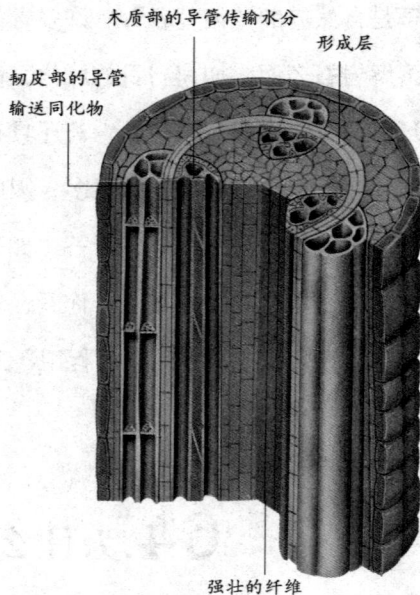

65.为什么野火不会将草烧死？

野火烧不尽，春风吹又生。

——（唐）白居易《赋得古原草送别》

【译文】

熊熊野火不能将它烧尽，春风吹过，它又重获生命。

上面我们说过白居易这里写的草是一种多年生草本植物，也就是地上部分每年死去，而地下部分的根等能存活多年。这也解释了"野火烧不尽"的原因，因为野火烧光了地面上的部分，但是地下的根还在，等到来年依然能够发芽重生。

既然根的作用这么重要，那么，让我们来详细研究一下根。根是植物学名词，一般指植物在地下的部位。根的主要功能为固定植物体，吸收水分和溶于水中的矿物质，将水与矿物质输导到茎，以储藏养分。如胡萝卜与芜菁的主根为贮藏器官，因内含食料而膨大。

一颗种子萌发时，胚根发育成幼根突破种皮，与地面垂直向下生长为主根。当主根生长到一定程度时，从其内部生出许多支根，称侧根。除了主根和侧根外，在茎、叶或老根上生出的根，叫作不定根。反复多次分支，形成整个植物的根系。根系可分为直根系和须根系，直根系的主要特点是主根明显比侧根粗而长，从主根上生出侧根，主次分明；须根系的主要特点是主根和侧根无明显区别。

而诗句中的禾草类与其他单子叶植物则具有须根系统，其特征是一群根的直径大约相等；这种须根系统并非由主根分枝生成，而是包含从茎的基部长出且大量分枝的根。

其中，根尖是主根或侧根尖端，是根的最幼嫩、生命活动最旺盛的部分，也是根的生长、延长及吸收水分的主要部分。根尖

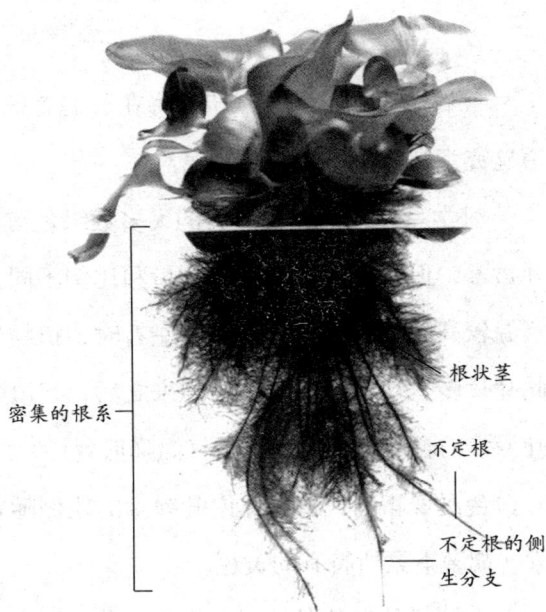

密集的根系

根状茎

不定根

不定根的侧生分支

植物根系示意图

分成根冠、分生区、伸长区和成熟区。根生长最快的部位是伸长区。伸长区的细胞来自分生区，由根尖顶端分生组织经过细胞分裂、生长和分化形成了根的成熟结构，这种生长过程为初生生长。在初生生长过程中形成的各种成熟组织属初生组织，由它们构成根的结构，就是根的初生结构。

66.经霜的枫叶为什么比二月的鲜花还红？

停车坐爱枫林晚，霜叶红于二月花。

——唐·杜牧《山行》

【译文】

停下车来，是因为爱赏枫林晚景，那经霜的枫叶竟比二月的鲜花还要火红。

杜牧所说的"霜叶红于二月花"的美景你也许也见到过，但是，你是否知道这究竟是什么原因造成的呢？

科学家介绍，在自然界的大多数绿色植物体内都含有叶绿素、胡萝卜素和叶黄素，但由于各种色素的含量和比例不同，其叶片就表现出不同的颜色。在气温较高的季节，特别是30℃左右时，植物生长旺盛，叶绿素的比例较多，因此叶片多呈现出绿色。秋天到来之后，气温降低、空气湿度减少、光照减弱，叶绿素的合成受到抑制。当气温降低到10℃以下，尤其是最低气温降至4℃以下时，会出现霜冻，植物体内叶绿素的比例随之明显降低，叶片就会显现出叶黄素、胡萝卜素所特有的黄色。

在同样的自然条件下，枫树、黄栌、山楂树、五叶爬山虎等少数树种"红脸"的秘密在于它们的叶子中除了含有叶绿素、叶黄素、胡萝卜素外，还含有一种其他植物少有的特殊物质——花青素。说它特殊，一是因为随着气温降低、昼夜温差增大，花青素的含量不但不会减少，还会迅速增多；二是花青素具有遇酸变红，遇碱不改色的特点。据测定，只有枫树等少数几

在温带地区，到了秋季，枫树的叶子会变成红色。

种植物叶子中的细胞液是酸性的，故而随着秋天的降临、花青素的增多，叶片会逐渐由绿变红。而对于大多数植物而言，由于所含的花青素很少，或者花青素含量虽多，但细胞液是碱性的，所以无论气候怎样变化，叶片都不会变红。

由此看来，枫叶等少数植物的叶子秋天变红的内因是花青素与酸性细胞液发生化学反应，外因则是入秋后天气转寒，促进了花青素大量增多，即气象条件发生变化造成的。

67.为什么迎着阳光的花木早发芽?

近水楼台先得月，向阳花木易为春。

——（宋）苏麟《断句》

[译文]

靠近水边的楼台因为没有树木的遮挡，能先看到月亮的投影；而迎着阳光的花木，光照多，所以发芽就早。

诗人的这句诗从字面来看，说明了一个浅显的道理：光照对于植物的生长很重要。这也就是说，光照对于植物的光合作用很重要。

植物与动物不同，它们没有消化系统，因此它们必须依靠其他的方式来进

行对营养的摄取，就是所谓的自养生物。对于绿色植物来说，在阳光充足的白天，它们利用阳光的能量来进行光合作用，以获得生长发育必需的养分。这个过程的关键参与者是内部的叶绿体。叶绿体在阳光的作用下，把经由气孔进入叶子内部的二氧化碳和由根部吸收的水转化成为淀粉，同时释放氧气。因为它们能够通过光合作用将无机物转化为有机物并且贮存能量，因而被称为食物链的生产者。

我们知道，地球上的食物链中的生产者和消费者之间始终发生着物质和能量的循环和交流。食物链的消费者，如草食动物和肉食动物，它们依赖食用植物或动物而生长、繁衍。它们通过食用生产者（植物及细菌）可以吸收到它们所贮存的能量，效率为10%~20%左右。也就是说，直接或间接地将生产者产生的有机物变成了自己的身体，把自己的粪便和尸体排向大自然。毋庸置疑，对于生物界几乎所有的生物来说，这个过程是它们赖以生存的关键。

同时，光合作用还是地球上的碳氧循环中一个必不可少的环节。植物的光合作用吸收的大量二氧化碳来自动植物的呼吸作用及人类活动中的燃烧，但据估计，生物圈中的绿色植物每年的光合作用能将750亿吨的碳转化为糖类化合物，绿色植物是二氧化碳的重要消费者。同时又为以上环节提供了所需要的氧气，如此构成了生物圈的碳氧循环。

叶子吸收太阳光　　　　　　　　　　葡萄糖被输送走

氧气排入到空气中　　　空气中的二氧化碳进入植物体中　　水分从根部吸入

叶片光合作用示意图

植物的叶是一座名副其实的"养料加工厂"，地球上所需要的氧气就是它们通过光合作用制造出来的。

68.为什么向日葵花盘始终朝向太阳?

花开能向日,花落委苍苔。

——(唐)戴叔伦《叹葵花》

【译文】

葵花开时朝向太阳,花落时落在苍苔上。

诗人的这句诗用凝练的语言写出了秋葵花的向日性,它与向日葵有着共同的特点——趋光性。这里,我们以向日葵为例,解释趋光性的原因。

向日葵又被称为"朝阳花",它有一个其他植物都没有的本领,那就是它的头状花序一旦长出后就始终朝向太阳。过去人们一直认为这是植物生长素在起作用,是生长素分布在花盘和茎部的背阳部分,促进那里的细胞分裂增长,而向阳面的生长相应地慢了,于是植株就弯曲起来,向日葵的花盘就这样朝着太阳打转了。

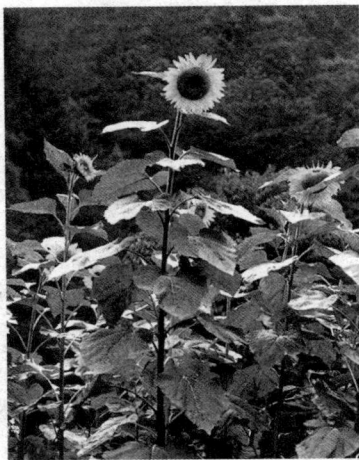

向日葵的花茎可以随着太阳方向的变化而转动。

然而,近年来植物生理学家发现,在向日葵的花盘基部,向阳和背阳处的生长素分布基本相等。显而易见,向日葵向阳不是植物生长素的作用。

那么,是什么原因使向日葵向阳呢?有人做了实验,在温室里,用冷光(如日光灯)代替太阳光对向日葵花盘进行照射。尽管冷光早晨从东方照来,傍晚从西方照来,向日葵始终都没有转动。然而,用火盆代替太阳,并把火光遮挡起来，花盘就会一反常态，不分白天黑夜，也不管东西南北，一个劲儿朝着火盆转动。

由此可见，向日葵花盘的转动并不是由于光线的直接影响，而是由于阳光中所带的热量把向日葵花盘中的管状小花晒热了，使其基部的纤维发生收缩，这一收缩就使花盘主动转换方向来接受太阳光。所以，向日葵其实更应该叫"向热葵"。

69.为什么年轮与气候变化密切相关？

采樵入深山，山深树重叠。
——（唐）孟浩然《采樵作》

【译文】
到深山里伐木，山深处树林茂盛。

这是诗人描写伐木的诗句，一棵树被当作木材锯断时，在它的截面上就呈现出一幅明暗相间的同心图案，这就是年轮。近代科学研究已揭示出在年轮那奇特的图案中，隐含着自然界千变万化的信息，其中也蕴藏着丰富的地理知识。

生物学家告诉我们，树干主要由树皮、木质部和髓构成，如果进一步用显微镜观察，可以详细地看出它包含有表皮、木栓层、皮层、韧皮部、形成层、木质部、髓和髓射线等部分。树木就靠形成层内细胞分裂才逐渐长大、长粗。研究发现，一年内细胞分裂的快慢是随着季节的变化而变化的。春季气候较暖，树木体内储藏的养料陆续输送到形成层，此时该层内细胞分裂迅速，长成的木质部细胞体大壁薄，这时木材疏松，谓之春材。从夏到秋，形成层内得到的养料逐渐减少，该层内细胞分裂逐渐变慢，长成的木质部细胞渐渐变小，细胞壁渐渐变厚，木材逐渐致密，这时是夏材。年深日久，在木质部的截面上就显出一层层的同心圆——年轮。由此可见，年轮的形成是四季交替变化的结果。

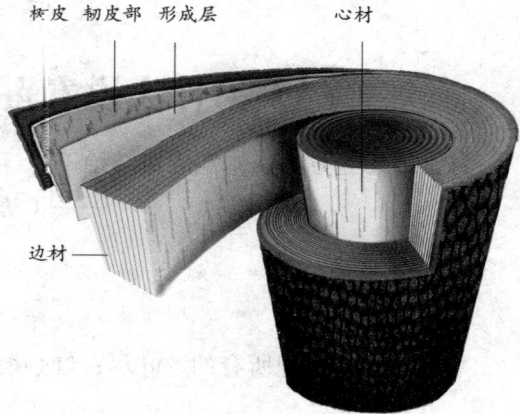

树干只有小部分是有生命的。一部分是树皮形成层，它是一层不断分裂的细胞，制造出新的树皮。另一层形成层每年制造出新的边材，老的木质部细胞则称为心材。

正因为如此，年轮能反映出历年来气候变化的情况。就一棵温带的树木而言，一个特冷或干旱的夏天的年轮生长量，要比一个温暖和雨量适中的夏天年轮的生长量小，因而，年轮的宽窄往往反映年降水量的多少。此外，在高山森林的上界和北半球高寒地区的森林北界，温度是影响树木生长的关键因子，宽年轮表示暖年，窄年轮表示冷年。

更加有趣的是，气候变化与太阳活动（主要有太阳黑子、光斑、谱斑、耀斑、日珥和日冕瞬变事件等，由太阳大气中的电磁过程引起，时烈时弱，平均以11、22年为周期）紧密相关，因此，年轮的生长也能反映太阳活动的变化。事实也是如此，树木年轮宽度的变化就有明显的11年周期。台湾省丝柏树的增长亦有百年、22年及11年的周期，这些正好是太阳活动的周期。有人分析加拿大49种云杉树的生长情况，发现那些树龄在300年以上的云杉树的树干的截面积增加数与太阳活动的世纪周期有关。在太阳黑子强周期内，树干截面积增加数平均为9.6平方厘米/年左右，而在黑子弱周期内，树木截面积增加数平均约为8.8平方厘米/年。

70.为什么说春蚕到死丝方尽?

春蚕到死丝方尽,蜡炬成灰泪始干。

——(唐)李商隐《无题》

【译文】

春蚕至死,才把所有的丝吐尽;红烛燃尽,满腔热泪方才干涸。

李商隐的这句诗体现了爱情的坚贞,意境新奇,已成千古传诵的名句。不过,诗人写此诗句也是建立在对于蚕的生长过程非常了解的基础上。为什么这么说呢?原来,蚕的一生要经历:卵、幼虫、蛹和成虫四个阶段。

刚从卵孵化出来的蚕,黑色有毛,好似蚂蚁,叫作蚁蚕。蚁蚕吃着桑叶慢慢长大,过了一阵,不吃不动,好像人在睡眠一样,进入了头眠。一、二天后,它蜕去一层皮,又开始吃桑叶,身体继续长大。这样反复四次,达到成熟。从头眠到四眠,时间约一个月,吃掉一斤的桑叶,不要小看这一个月的时间,这可是蚕长大的关键阶段,在这期间,它们身体增长四十倍,体重增加约有九千倍。

一条成熟的蚕儿,有多数环节组成,全身分头、胸、腹三部分。它的头很小,长有一对坚硬的大颚,由左右向内开合,以咀嚼桑叶为食。胸部三节,每节生有一对胸脚;腹部共有十节,从第三节到第六节各生有一对腹脚,胸脚和腹脚是行动器官。末端生有尾脚,用来攀沿桑叶。

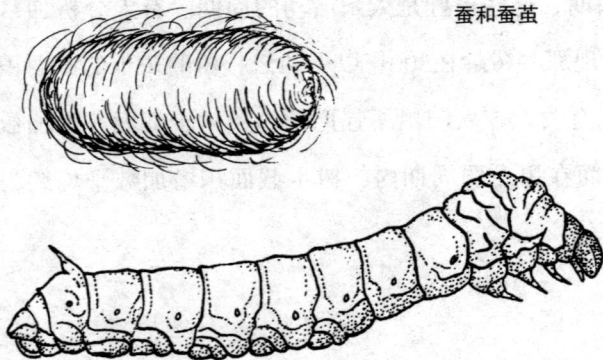

蚕和蚕茧

蚕的身体内部有一对

特殊的器官叫丝腺，成熟的蚕，身体透玥，体内充满丝质。它靠摇动头吐丝作茧自缚，把身体围住，不吃不动一直蛰伏茧内，直到丝吐尽。茧由一根长度为300～900米连续的丝织成。再蜕一次皮，变成了像一颗花生大小的蛹，十天以后，蛹化成蛾钻出茧外。此时，蚕的一大半生命已经结束了。羽化后的成蛾只是为了完成最后一项"使命"——产卵。出茧后，雌蛾尾部发出一种气味引诱雄蛾来交尾，交尾后雄蛾即死亡，雌蛾花一个晚上产下约500个卵，然后也会慢慢死去。蚕蛾产下的卵又将完成新一代的循环。这就是蚕的生命史。因而，就有了"春蚕到死丝方尽"一说。

值得注意的是，蚕变成的蛾和我们通常所说的飞蛾不同，蚕蛾的形状像蝴蝶，全身披着白色鳞毛，但由于两对翅较小，已失去飞翔能力。

71.为什么萤火虫能发光?

银烛秋光冷画屏，轻罗小扇扑流萤。

——（唐）杜牧《秋夕》

【译文】

在一个秋天的晚上，白色的蜡烛发出微弱的光，给屏风上的图画添了几分暗淡而幽冷的色调。这时，一个孤单的宫女正用小扇扑打着飞来飞去的萤火虫。

萤火虫之所以能够在夜间被人们发现，是由于它们具有与其他昆虫不同的发光特性。那么，萤火虫为什么会发光呢？

萤火虫能在体内产生光的现象叫作生物体发光，许多生物（主要是海洋生物或水生生物）也有这种特性。

萤火虫的发光，简单来说，是荧光素在催化下发生的一连串复杂生化反应。萤火虫的发光器是由发光细胞、反射层细胞、神经与表皮等组成。如果将发光器的构造比喻成汽车的车灯，发光细胞就有如车灯的灯泡，而反射层细胞就有如车灯的灯罩，会将发光细胞所发出的光集中反射出去。所以虽然只是小小的光芒，在黑暗中却让人觉得相当明亮。

萤火虫尾部呈白色，是因为其身体内的反射层细胞含有白色颗粒状尿酸盐的结晶，它能阻挡光射入虫体内，并能通过透明的表皮把光反射到体外去。

而萤火虫的发光器会发光，起始于传至腹部发光细胞的神经冲动，使得原本处于抑制状态的荧光素被解除抑制。萤火虫的发光细胞内有一种含磷的化学物质，称为荧光素，并且会产生一种酶，叫作萤光酶。萤光素与氧气结合从而形成一种不活泼的分子，叫作氧化萤光素。萤光酶加速了这一反应，伴随产生的能量便以光的形式释出。由于反应所产生的大部分能量都用来发光，只有2~10%的能量转为热能，所以当萤火虫停在我们的手上时，我们不会被萤火虫的光给烫到，所以有些人称萤火虫发出来的光为"冷光"。至于萤火虫发光的目的，有求偶、沟通、照明、警示等。

72.柳永为什么说寒蝉凄切？

寒蝉凄切。对长亭晚，骤雨初歇。

——（宋）柳永《雨霖铃》

【译文】

秋后的蝉叫得那样凄凉而急促，面对着长亭，正是傍晚时分，一阵急雨刚停住。

蝉，又叫知了。它可以说是炎炎夏日里最显著的一个符号。它的叫声似乎让夏天变得更漫长、更炎热。而且好像天越热，它叫唤得越起劲。

蝉的寿命并不短，只是它一生的大部分时间都生活在"黑暗"中。这从何说起呢？原来，蝉的幼虫一生生活在土中，将要羽化时，于黄昏及夜间钻出地面，爬到树上，然后抓紧树皮，蜕皮羽化。当蝉蛹的背上出现一条黑色的裂缝时，蜕皮的过程就开始了。

蝉将蛹的外壳作为基础，慢慢地自行解脱，就像从一副盔甲中爬出来。整个过程需要一个小时左右，当成虫从空壳中出来时，它就可以牢牢地挂在树上。而且，蝉蛹必须垂直面对树身，这一点非常重要。这是为了成虫两翅的正常发育，否则翅膀就会发育畸形。

6月末，幼虫开始羽化为成虫，这已是我们能够看到和听到蝉鸣的盛夏时节，它们的最长寿命长约60～70天。7月下旬，雌成虫开始产卵，8月上、中旬为产卵盛期，卵多产在4～5毫米粗的枝梢上。幼虫孵出后，由枝上落于地面，随即钻入土中。幼虫在土中生活若干年（北美洲东岸森林中的蝉幼虫可在地下生活长达17年之久），共蜕皮5次。每当春暖时，幼虫即向上移动，吸食植物根的汁液，秋去冬来时，则又深入土中，以避寒冷。柳永诗句正值萧瑟冷落的秋季，也就是成虫将要结束生命之际，因而才有了"寒蝉凄切"之景。

73.蝉为什么能发出如此响亮的鸣叫？

微月初三夜，新蝉第一声。

——（唐）白居易《六月三日夜闻蝉》

【译文】

六月初三的夜里，初夏的蝉发出了第一声鸣叫。

倘若蝉不会发声，我们不会关注到它。是它那在夏日里的夸张甚至过分的放歌"打动"了我们。如此小的生物，为何能发出如此响亮的声音？我们不禁要发出这样的疑问。

能鸣叫的蝉是雄蝉，发声的秘密就在雄蝉的腹部，在它们腹部第一节的两侧，各有一片弹性较强的薄膜，叫声鼓，外面被一块盖板保护着。声鼓靠发达的肌肉牵拉，肌肉收缩，把声鼓往里拉；肌肉松弛，声鼓就往外突，这样快速地一拉一突，蝉就叫起来了。声鼓每秒钟振动一百三十到六百次，就能连续不断的发声。在盖板和声鼓之间的空腔，叫共振室，是很好的发声共鸣箱，与我们听音乐所用的音箱一样，使得声鼓发出的叫声更加嘹亮。

多数科学家认为蝉鸣叫是为了吸引异性。还有人认为，蝉鸣可以驱鸟。蝉的叫声会使得鸟类的耳朵感到很痛苦，并且还会干扰它们的交流，使得鸟类很难结群捕食。同一族群的雄蝉在鸣叫时会贴在一起以提高它们叫声的总音量，这就降低了整群蝉被鸟类捕食的几率。

蝉的声音这么吵，甚至要使人发疯，那会不会吵到它们自己呢？在过去的一段时间里，人们认为蝉是聋子，也就是它什么都听不到，自然也不会被自己吵到。可是，近年来，许多科学家对蝉是聋子表示怀疑。他们发现蝉是有听觉器官的。蝉的听觉器官长在腹部的第二节附近，由比较肥厚的像丝一样的物质组成，上面布满灵敏的感觉细胞，和脑神经相连。当声波传到听觉器官上的时候，感觉细胞就把信号传递到脑子里，蝉就听到了声音。

蝉平时很少飞翔，大部分时间都会攀附在树干或树叶上，只有采食或受到惊扰的时候，才会从一棵树飞到另一棵树上。

那么，蝉是如何保护自己免受自身鸣叫声伤害的呢？原来，

雄性和雌性的蝉都有一对大片的像镜子般的膜起到保护耳的作用，它们被称为鼓膜。鼓膜通过一个短肌腱连接到听觉器官。当雄性鸣叫时，肌腱收缩并带动鼓膜皱缩，从而使它不会受到声音的损伤。

74.蟋蟀为什么会不断鸣叫？

昨夜寒蛩不住鸣，惊回千里梦，已三更。

—— （宋）岳飞《小重山》

【译文】

昨日寒夜的蟋蟀不断地鸣唱，忽然惊醒我千里厮杀的梦，已经三更了。

将岳飞惊醒的蟋蟀是我们最不陌生的昆虫了。在宁静的夏夜里，草丛中便会传来阵阵清脆悦耳的鸣叫声。这草丛中的"音乐家"正是蟋蟀。

其实，蟋蟀优美动听的歌声并不是出自它的好嗓子，而是它的翅膀。不过，只有雄蟋蟀才能发出优美的声音，而雌蟋蟀则没有这种特权，所以就成了沉默的哑巴。

雄蟋蟀右边的翅膀上，长有一根锉样的短刺，叫音锉；左边的翅膀上，长有一根像刀一样的硬棘，叫作刮器。当左右翅膀抬起，和身体背面成四十五度角的时候，双翅的两侧横向开闭，正好使刮器和音锉互相摩擦，就如同用薄板在梳子上摩擦一样，发出响亮的声音来了。音的频率取决于每秒的击翅次数，从最大蟋蟀种类的1500周/秒到最小蟋蟀种类的将近1000周/秒。鸣声的速率还与温度直接有关，随温度的升高而增快。

每到夏夜繁殖季节，雄蟋蟀会卖力地振动翅膀，用动听的歌声，寻找佳偶。雄蟋蟀发出的"的铃的铃"的求爱声酷似六弦琴加上三角铃的旋律，好像在倾诉衷肠，使雌蟋蟀能够安定，不拒绝雄蟋蟀的接近。待到雌蟋蟀为之动情而渐渐靠近时，此时"的铃的铃"之声越来越急促，也变得越来越柔和，几乎成了"铃铃铃铃"之声。

一只雄性蟋蟀（右）正抖动翅膀吸引对面的雌性蟋蟀（左）。

　　有趣的是，每种蟋蟀的鸣声不尽相同，同一蟋蟀每次的鸣声也不尽相同，不同的鸣声表达不同的意思。蟋蟀响亮的长节奏的鸣声，既是在召唤异性赶快到来，同时也在警告别的同性不要侵犯自己的领地。当有别的同性贸然闯入时，它便威严而急促地鸣叫以示严正警告。如果"最后通牒"失效，一场恶战便要开始了。

75.蜻蜓为什么要点水?

穿花蛱蝶深深见，点水蜻蜓款款飞。

　　　　　　　　　　——（唐）杜甫《曲江二首》

【译文】

　　蝴蝶在深深的花丛中还能不时看见，蜻蜓在水面自由自在地点水翻飞。

　　蜻蜓是一种非常奇妙的昆虫，有着跨越水陆两域的生活史。蜻蜓排在水草上的卵孵化而成水虿（chài）。生活在水中的水虿和飞舞在空中的蜻蜓完全是两种模样，蜻蜓是在空中直接交配的，而水虿必须生活在水中，那飞舞的蜻蜓是怎么样将水虿送入水中生活的呢？这确实给蜻蜓父母出了一个难题，但是聪明的蜻蜓父母还是想出了妙招——蜻蜓"妈妈"以蜻蜓点水这种独特的方式将卵产在水中，以便它们日后的生存。人们有时误以为蜻蜓点水是蜻蜓在嬉戏玩耍，其实并不是，那是它们在完成繁殖下一代的重大任务呢，所以千万不要打扰它们。

蜻蜓点水是有多种方式的，不是千篇一律地点在水上就完成了。第一种是蜻蜓将腹部末端贴近水面，直接产卵于池水中，任由卵沉入水中；第二种是将腹部插入水中，产卵于水草茎杆中；第三种是雌雄蜻蜓潜入水下，将卵产于水草茎杆中；第四种是蜻蜓一面飞翔交配，一面将卵空投至水中；最后一种是蜻蜓将卵产于水面上的树干或树枝上，待卵孵化后稚虫掉入水中开始幼虫阶段。各种点水方式无非是让卵在不同水域环境均有更多成活机会而演化来的，但不论哪一种点水方式，稚虫水虿均需生活在水中。

水虿样貌很丑，如果不留心观察，肯定不会相信它就是蜻蜓的幼虫。水虿既无翅膀，又没有长长的尾巴，腹部扁而宽，很像一只大肚子蜘蛛，下唇变成一只"手"，伸曲自如，平时掩盖着脸部，故称为"面罩"。水虿的身体长度不到蜻蜓的三分之一，一般是褐色或淡绿色，但往往随着栖息的环境不同而变化颜色，目的是为了形成一种保护色。

正在水中产卵的红眼蜻蜓

水虿在水里起码要经过2~5年，经过十几次蜕皮，个子慢慢长大，最后爬出水面，攀登到水草枝上，不吃也不动，进行最后一次的变身。刚刚羽化出来的蜻蜓的腹部，会像吹气似的迅速膨胀起来，叠在一起的翅膀，像撑雨伞那样一下子全部伸展开来。蜻蜓的寿命只有水虿的十分之一，仅仅为一至八个月。

76.为什么人们总说蜜蜂辛勤？

采得百花成蜜后，为谁辛苦为谁甜。

——（唐）罗隐《蜂》

[译文]

蜜蜂采尽百花酿成蜜后，到头来又是在为谁忙碌？为谁酿造醇香的蜂蜜呢？

罗隐的这句诗赞美了蜜蜂辛勤劳动的高尚品格，同时也写出了蜜蜂酿蜜的辛苦。这并非言过其实，采蜜确实是一个非常辛苦的过程。

春夏季节是鲜花盛开的时期，蜜源最为丰富。这时候，工蜂开始频繁地外出采蜜。它们停在花朵中央，伸出精巧如管子的"舌头"，"舌尖"还有一个蜜匙，当"舌头"一伸一缩时，花冠底部的甜汁就顺着"舌头"流到蜜胃中去。工蜂们吸完一朵再吸一朵，直到把蜜胃装满，肚子鼓起发亮为止。

在通常情况下，一只工蜂一天要外出采蜜40多次，每次采100朵花，但采到的花蜜只能酿0.5克蜂蜜。如果要酿1千克蜂蜜，而蜂房和蜜源的距离为1.5千米

一只蜜蜂正在搬运蜂蜜

的话，几乎要飞行12万千米的路程，差不多等于绕地球飞行3圈。

采集花蜜如此辛苦，把花蜜酿成蜂蜜也不轻松。所有的工蜂先把采来的花朵甜汁吐到一个空的蜂房中，到了晚上，再把甜汁吸到自己的蜜胃里进行调制，然后再吐出来，再吞进去，如此轮番吞吞吐吐，要进行100～240次，最后才酿成香甜的蜂蜜。为了使蜜汁尽快风干，千百只工蜂还要不停地扇动翅膀，然后把吹干的蜂蜜藏进仓库，封上蜡盖贮存起来，留作冬天食用。

工蜂除了调制"细粮"蜂蜜外，还会把采蜜带回来的花粉收集起来，掺上一点花蜜，加上一点水，搓出一个个花粉球，做成蜜蜂们平时吃的"粗粮"，然后储存起来，以便在没有花季的时候食用。

77.为什么黄蝶飞入黄色油菜花丛躲避追捕？

儿童急走追黄蝶，飞入菜花无处寻。

——（宋）杨万里《宿新市徐公店》

【译文】

儿童奔跑着追扑黄色的蝴蝶。黄色蝴蝶飞进黄色的油菜花中，孩子们分不清哪是蝴蝶，哪是黄花，就再也找不到蝴蝶了。

杨万里此处描写的黄蝴蝶飞入黄色的油菜花，实际上是蝴蝶的一种自我保护方式。在生物学中有一个专业名词叫拟态。拟态的定义是：一种生物模拟另一种生物或模拟环境中的其他物体从而获得好处的现象。

拟态是动物在自然界长期演化中形成的特殊行为。拟态包括三方：模仿者、被模仿者和受骗者。简单地说，拟态就是为了达到欺骗捕食者的目的。不过，在实行过程中，拟态通常有相反效果的两种情况，一种是动物模仿其他动、植物体或非生物体相似的颜色、形态或姿势，以期达到不引起注意的效果，如诗句中的"黄蝶"正是采用了这种方式，因此称为隐蔽拟态或称为模仿；另一种则是模仿许多有毒、味道不佳或有刺的动物的警戒色，以期达到恐吓捕食者的效果。如虻由于具有像黄蜂一样显眼的色彩而欺骗了捕食者，诸如此类的拟态称为标志拟态或只称拟态。

拟态在昆虫类中极为普遍，如一种适合捕食者口味的蝴蝶模仿另一种不适口或不可食的蝴蝶亦能逃生；两种不适口的蝴蝶互相模仿，可共同分担被年幼的鸟类在学习捕食期间误食所造成的死亡率。

南美无毒的粉蝶科成员模拟成有毒的蛱蝶科成员。

不要以为拟态只是动物的行为，其实，植物中也存在拟态行为。某些兰科植物的花瓣在形状、颜色和多绒毛方面模拟某些雌蜂的外表，可吸引雄蜂与之"交尾"，从而得到有利于为其授粉的结果。

78.为什么鲤鱼会半夜涌上溪头浅滩？

兰溪三日桃花雨，半夜鲤鱼来上滩。

——（唐）戴叔伦《兰溪棹歌》

【译文】

春雨一连下了三天，溪水暴涨，鱼群在夜深人静之时纷纷涌上溪头浅滩。

夜间本来比较宁静，而诗人这里特意写到"半夜鲤鱼来上滩"，意在给静夜增添活泼的生命跃动气息。其实，这中间更是道出了鱼类的生命玄机。

人们都知道，鱼儿在水中要呼吸，进行新陈代谢。鱼的呼吸器官是鳃，鳃是专门适应水中呼吸的构造。鱼的咽喉两侧各有4个鳃，每个鳃又有鳃片和鳃丝组成。呼吸时，鳃片和鳃丝完全打开，会增大鳃与水的接触面积，增加与水中溶解氧结合的机会。鱼在水中，嘴巴一张一闭地进行呼吸；它张嘴时，把水吸入，鳃盖关闭，闭嘴时，鳃盖打开，让水流出。在水流经鳃的过程中，水中的溶解氧就被鳃上的微血管吸收，同时把二氧化碳排出。当临近下雨时，天气沉闷，水中溶解的氧气量减少，于是鱼类纷纷浮到水面上层甚至水面来呼吸。

通常情况下，鱼一旦离开水，鳃就无法获取必需的氧气，一会就因为缺氧而死亡了。而且鳃孔大的鱼类比鳃孔小的鱼类死得快。但有少数鱼类，它们离开水能生活很长时间，因为这些鱼除了鳃作为主要呼吸器官外，另有副呼吸器官辅助呼吸，因而能离开水而不死。

攀鲈、斗鱼、乌鳢、胡子鲶等鱼类可以离开水很长时间而不死，这些鱼类除了自身生命力很强外，主要是它们在鳃室内左右各有一个称为鳃上器的副呼吸器官，鳃上器的构造因种类而异。鳃上器具有发达的气呼吸功能，只要该器官保持湿润，它就能从空气中摄取氧气而维持鱼体的生命活动。

79.龟为什么能长寿?

静养千年寿，重泉自隐居。

—— （唐）李群玉《龟》

【译文】

乌龟安静地养千年之寿，独自隐居在深泉中。

提到最长寿的动物，人们首先想到的就是龟。诗句"静养千年寿"说明了一个很有意思的科学道理。

　　"静"确实是乌龟长寿的秘诀之一。由于乌龟不好活动，易进入休眠状态。它们一年要睡10个月左右，既要冬眠又要夏眠，乌龟这种生理特点减少了能量消耗，并且还能避免某些意外性的死亡。

　　根据动物学家和养龟专家的观察和研究，除了较低的能量消耗外，龟有与众不同的身体结构和生理机能。乌龟不具有锋利的牙齿和爪子，本身的行动也非常缓慢，但是它们具有自己特定的自我保护方式。龟甲是它们最好的保护伞，一旦出现危险，乌龟马上就把自己的全身缩进硬壳里，敌人无论从哪个方向下嘴咬这个硬壳也难以入口，最后只好放弃走开。等过一段时间危险解除之后，乌龟才慢条斯理地从硬壳中伸出四肢和头部继续活动。

　　同时，龟的细胞具有较强的繁殖能力。在人和动物的细胞中，有一种关于细胞分裂的时钟，它限制了细胞繁殖的代次及其生存的年限。人的肺纤维细胞，在体外培养到50代时，就再难以往下延续了，而乌龟可以达到110代，这说明，龟细胞繁殖代数的多少，和龟的寿命长短有密切的关系。动物学家和医学家还检查了龟类的心脏机能，龟的心脏离体取出后，竟然能够自己跳动24小时之久，这说明龟的心脏机能强，这对龟的寿命也起着重要的作用。

　　科学家们认为，龟类是一种用来研究人类长寿的极好的动物模型。因此进一步揭开龟长寿的奥秘，对研究人类如何健康长寿将有很大的启示。

一只雌性棒头龟在澳大利亚海岸附近的一个岛屿上寻找产卵场所。

80.为何有"春江水暖鸭先知"之说?

竹外桃花三两枝，春江水暖鸭先知。

——（宋）苏轼《惠崇春江晚景》

【译文】

竹林外两三枝桃花初放，鸭子在水中游戏，它们最先察觉了初春江水的回暖。

"春江水暖鸭先知"，这一千古名句细致逼真地抓住大自然中的节气变化特点，生动形象地勾出一幅江南早春的秀丽景色图。诗人之所以这样写，是有科学道理的。

江南水乡冬末初春时节，天气依然比较寒冷，平均气温在10℃左右，常有严霜，甚至还有残雪。在这寒冷的天气里，狗、猫等动物还伏在炉旁、屋檐下时，池塘、溪边，便有三五成群的鸭子在冰冷的水中戏游，时而把头潜入水中，时而又展翅在水中"高唱"。

为什么鸭子在冷水中欢快地游乐，而又毫无寒意呢？原来鸭子身上长满了浓密的羽毛，羽毛将空气贮存在其中，起到了很好的隔热保温作用。另外，鸭子的皮下积蓄着一层厚厚的脂肪，脂肪也能防止体内热量的散发和寒冷的侵袭。

因而，当春天江河水刚刚解冻，寒意尚未消尽时，鸭子首先敏锐地感觉到，便迫不及待地潜入水中嬉游。这种物候迹象，告示人们寒冷的天气即将过去，气温开始逐渐回升，江河溪水中的水温也随之变暖，春天来临了。这一现象经诗人细心地观察，便凝练出了"春江水暖鸭先知"的佳句。

81.人们为什么把海鸥看作天气"预报员"？

野老与人争席罢，海鸥何事更相疑。

——（唐）王维《秋归辋川庄作》

【译文】

村夫野老，已经与我没有隔阂。海鸥为何疑心，还是飞舞不停。

王维这句诗其实是引用了一个典故：海上有一个年轻人与鸥鸟相亲近，互不猜疑。一天，父亲要他把海鸥捉回家来，他又到海滨时，海鸥便飞得远远的。这恰好也道出了海鸥是一种海鸟，常在海上飞行。

基于海鸥的习性，海鸥被看作是海上航行的天气"预报员"。暴风雨是一种突然来临的大而急的风雨，短时间内会给人们带来很大的财产损失，甚至危及出海人的生命，但是海鸥能够提前感知在人们看来毫无征兆的暴风雨。它们是如何做到的呢？

通常来说暴风雨是由低压天气系统造成的，暴风雨来临前气压会急剧下降。而海鸥的骨骼是空心管状的，没有骨髓而充满空气。这不仅便于飞行，又很像气压表，能灵敏地感觉到气压的变化。因此，如果海鸥贴近海面飞行，那么未来的天气将是晴好的；如果它们沿着海边徘徊，那么天气将会逐渐变坏。如果海鸥离开水面，高高飞翔，成群结队地从大海远处飞向海边，或者成群的海鸥聚集在沙滩上或岩

海鸥生活在海滨，主要以海滨昆虫、软体动物、甲壳类动物等为食，也捕食岸边的小鱼。

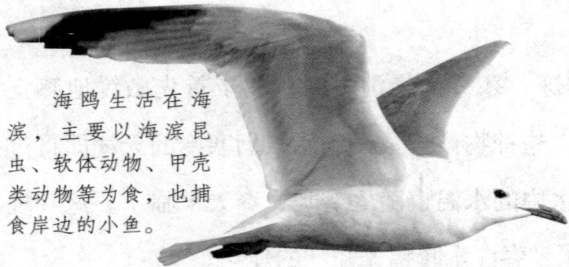

石缝里，则预示着暴风雨即将来临。

富有经验的海员都会通过观察海鸥来预测天气，此外，它们还把海鸥当成安全使者，乘舰船在海上航行时，人们常因不熟悉水域环境而触礁、搁浅，或因天气突然变化而造成海难事故的发生。不过，会观察海鸥就不同了，海鸥常着落在浅滩、岩石或暗礁周围，群飞鸣噪，这无疑是对航海者发出了提防撞礁的信号。而且，一旦人们在航行中遇到不测，沉船失事，海鸥会马上集成大群，在失事舰船上空大声吼叫，以引导救援舰船来援救。海鸥还有沿港口出入飞行的习性，每当人们航行迷路或大雾弥漫时，观察海鸥飞行的方向，也可作为寻找港口的依据。

82.杜鹃为什么要借巢生子?

君不见昔日蜀天子，化作杜鹃似老乌。寄巢生子不自啄，群鸟至今与哺雏。

——（唐）杜甫《杜鹃行》

[译文]

往昔的蜀天子已经看不到了，它已经化作了大如鹊而羽乌的杜鹃。借巢生子自己不喂食，群鸟至今仍然替他喂养雏鸟。

杜甫的这句诗其实是含有感叹唐玄宗失去帝位的寓意。为什么要借用蜀帝化杜鹃的典故呢?

原来杜鹃是一个非常狡猾的"妈妈"，它们是名副其实的懒鸟，它们只生子却不养子，总是偷偷将子女丢给别的鸟去养，占尽了其他鸟类的便宜。

具体地说，杜鹃是一种既不筑窝，又不会孵蛋，更不会喂养幼鸟的鸟类。当雌杜鹃快要生蛋时，它到处找别的鸟类的巢。当它发现别的鸟窝里已经有蛋时，趁鸟巢主人离开的时候，飞到里面生下自己的蛋，然后再取走一个蛋，使鸟巢里的蛋数目不变。

杜鹃蛋和原来的鸟蛋混在一起，看起来很相似，被骗的鸟妈妈哪里知道，自己的一只蛋已经被偷换过了。它辛苦地孵着蛋，可最先出壳的，却总是小杜鹃。小杜鹃不但抢先占有了鸟妈妈的喂食，而且它性情很暴躁，会出于本能地把巢里其他的蛋，一个个推挤出鸟巢，甚至连已经出壳的小鸟，也会被这个外来的"哥哥"从树上的鸟巢里挤落到地上跌死或饿死。糊涂的鸟妈妈居然一点也不心疼自己的"亲生骨肉"，仍然一心一意地喂养着小杜鹃。

小杜鹃一天天长大了，它的胃口越来越大，鸟妈妈只有忙碌地捉来更多的虫子喂养它。大约30天以后，小杜鹃就长成了比鸟妈妈大得多的"巨型婴儿"。

很快，小杜鹃的羽毛长齐了，能够飞离鸟巢时，它的"亲娘"会不误时机地赶来，落在附近的树枝上，一声声地叫起来。小杜鹃听到这种叫声，本能地知道亲生母亲在召唤它，便纷纷闻声飞去，随着雌杜鹃一起飞走。鸟妈妈莫名其妙地当了一回"义务保姆"，只能暗自伤心了。

不过，杜甫这里并没有借杜鹃狡猾之意，而只是取其骨肉离散，有子嗣不能亲养的悲哀意境。

83.为什么燕子会秋去春来呢?

燕子不归春事晚，一汀烟雨杏花寒。

——（唐）戴叔伦《苏溪亭》

[译文]

燕子还没有回到旧窝，而美好的春光已快要完了。迷蒙的烟雨笼罩着一片沙洲，料峭的春风中，杏花也失去了晴日下艳丽的容光。

诗人在这里描述的燕子春归的现象。你也许也发现了，在冬天人们往往看不到燕子。这是为什么呢？

原来，燕子是一种候鸟。冬天来临之前的秋季，它们总要进行每年一度的长途旅行——成群结对地由北方飞向南方，去那里享受温暖的阳光和湿润的天气，而将严冬的冰霜和凛冽的寒风留给了从不南飞过冬的山雀、松鸡和雷鸟等。表面上看，是北国冬天的寒冷使得燕子离乡背井去南方过冬，等到春暖花开的时节，再由南方返回本乡本土生儿育女、安居乐业。

果真如此吗？其实不然，燕子是以昆虫为食的，且它们从来就习惯于在空中捕食飞虫，而不善于在树缝和地隙中搜寻昆虫等食物。可是，在北方的冬季是没有飞虫可供燕子捕食的。食物的匮乏使燕子不得不每年都要来一次秋去春来的南北大迁徙，以得到更为广阔的生存空间。燕子也就成了鸟类家族中的"游牧民族"了。

这个以虫为食的道理也同样是燕子低飞的原因。阴雨天气到来时有一股冷空气移过来，当它向前推进的时候，遇到了暖气流，冷暖相遇便结成了云。在冷暖气流相交的边缘，冷气流从下方挤入，托着暖气流向上移动，形成了湍流式的气流运动。处在这个气流中心区的飞虫，在这股气流的影响下，有许多被向上托起。而这时空气中的水汽增加，小飞虫的翅膀上因附着小水滴而变软，被托起的虫子又飞不高，于是它们身后就跟着一群饥肠辘辘的燕子，它们兴奋地在低空飞舞，张开大嘴享受这天气给它们带来的"美餐"。有人捉住燕子观察，它又阔又长的嘴里，竟然装有370只虫子。看来，对于食物的追逐成了燕子行动的全部动机。

84. 人们为什么喜爱画眉鸟？

百啭千声随意移，山花红紫树高低。

——（宋）欧阳修《画眉鸟》

[译文]

画眉鸟在开满红紫山花的枝头自由自在地飞翔，在高高低低的树梢上尽情愉快地唱歌。

由于画眉鸟歌声悦耳、机敏好斗，从古至今都广受爱鸟人士的喜爱。画眉是我国常见的鸣禽，眼圈白色，眼上方有清晰的向后延伸呈蛾眉状的眉纹，画眉的名称由此而来。画眉体长约24厘米，体重50～75克，上体橄榄褐色，下体棕黄色，腹中夹灰色，头和上背部具褐色轴纹。

画眉雄鸟体形比雌鸟大，胸肌因经常鸣叫锻炼，亦比雌鸟发达；雄鸟体形修长，而雌鸟短而胖；雌鸟的羽色比雄鸟的美丽，但在阳光照射下，雄鸟的羽毛比雌鸟的更富有光泽。

画眉主要栖息于山丘浓密灌木林中，它们好斗，占有欲极强，雄鸟尤其性凶好斗。画眉时常三五成群地出现，喜欢在晨昏的枝头上鸣唱，鸣声洪亮、婉转动听，并能仿效多种鸟的叫声、猫狗叫、笛声等各种声音，甚至还会学人说话，不愧为鸣鸟中的佼佼者。

画眉

画眉生性机敏，它们通常用歌声和伙伴"沟通"。如果画眉发出"哇哇……"的叫声，是提醒伙伴有危险，请大家快藏起来；发出"秋秋……"的连叫声表示害怕、恐惧；发出"科科……"类似的声音，表示示弱；发出"谷谷……"的声音并伴有尾巴上下摆动表示想找个伴；发出"谷谷……"的叫声并在原地打圈或摆头是在说这地方是它的，抢地盘当心咬你；发出"呜呜呜……"声并张开双翅，是在说它要打架；如果人类走近画眉时它发出"呜呜呜……"的叫声并张开双翅，那是它在说见到你真高兴。

85.喜鹊真的会报喜吗?

姓名已入飞龙榜，书信新传喜鹊知。

——〔宋〕黄庭坚《送邓慎思归长沙觐省》

【译文】

已经金榜题名，书信传来，喜鹊喳喳地叫着。

自古以来喜鹊就深受人们的喜爱，被看成是好运与福气的象征。我国民间表达喜鹊报喜的形式多种多样，流传最广的是"雀登梅枝报喜图"，又叫"喜上眉梢"。直到现在，农村喜庆婚礼还多用"喜鹊登枝头"来装饰新房。喜鹊登梅也成为中国画中常见的题材，也经常出现在中国传统诗歌、对联中。

喜鹊是全世界广泛分布的鸟类，嘴尖、尾长，双翅短而圆，在黑色羽毛的包围之中，突显出肩部和腹部的白色。雌雄羽色相似。幼鸟羽毛的颜色也与成鸟非常相似，但黑羽部分染有褐色，金属光泽不显著。

喜鹊是杂食性鸟类，适应能力比较强，在山区、平原都有栖息，无论是荒野、农田、郊区、城市都能看到它们的身影。但是有一个普遍规律是人类活动越多的地方，喜鹊种群的数量往往也就越多，而在人迹罕至的密林中则很难见到喜鹊的身影。

在日常生活中，尤其是在农村，人们与喜鹊的接触非常多，对喜鹊，人闻其声则喜。为什么人们会对喜鹊的歌声有这么良好的印象呢？喜鹊真的会报喜吗？喜鹊的啼叫声像清脆的银铃响。喜鹊热情好动，时常飞到人家墙头屋角，或立足于房脊，或跳跃于枝头，发出"喀喀喀，喀喀喀"像笑一样的叫声，随之全身颤动，尤其它的尾部颠簸得最厉害。之后不忘梳理一下花衣裳，急匆匆地又赶路去了。早春二月的清晨，它们常常成双或是结群地飞到空旷地上、田野菜园中寻找食物，它会用各种不同的叫声和同伴交谈，传送着春天的信息，给人们带来欣喜与欢乐。事实上，喜鹊确实是一种对人类非常有益的鸟，它们平时的食物80%以上都是危害农作物的害虫，比如蝗虫、蝼蛄、金龟子、夜蛾幼虫或松毛虫等，偶尔才取食谷类或植物的种子。但是说喜鹊的歌声能报喜其实是无科学依据的，这只是人们的一种美好愿望。

86.为什么蝙蝠在夜间出没？

斗鼠上堂蝙蝠出，玉琴时动倚窗弦。

——（唐）李商隐《夜半》

【译文】

深夜，老鼠窜入厅堂，蝙蝠飞出，挂靠在窗边的琴偶尔被吹动。

李商隐的这句诗生动地描写了深夜的景象，同时也写出了蝙蝠的夜行性特点。几乎所有蝙蝠均于白天憩息，夜出觅食。这种习性便于它们侵袭入睡的猎物，而自己不受其他动物或高温光线的伤害。蝙蝠通常喜欢栖息于孤立的地方，如山洞、缝隙、地洞或建筑物内，也有栖于树上、岩石上的。它们总是聚成群体倒挂着休息，从几十只到几十万只不等。

能够在漆黑的夜晚捕食猎物，这和蝙蝠高超的本领——利用超声波进行回声定位密不可分，因而它们在夜间行动迅捷，从来不会迷失方向。

其实，不仅可闻的声波容易在障碍物界面上反射回来，形成回声，不可闻的超声波和次声波也能够形成回声，只不过这种回声人们听不到而已。蝙蝠喉内会发出一种

夜间，蝙蝠靠超声波定位来捕捉昆虫。

频率高于2万赫兹的超声波，当这种超声波遇到食物或障碍物时，会反射回来。

这时，蝙蝠会利用两耳接收物体的反射波，并据此确定该物体的位置，同时根据从两耳分别接收到回波间的差别，来辨别物体的远近、形状及性质，最终实施或闪避或捕捉的动作。简单地说，蝙蝠利用嘴巴和耳朵，实现了自己与自己的对话。

但是，当我们将蝙蝠的耳朵和嘴巴堵上时，情景就完全不同了。它会跌跌撞撞，四处碰壁，最后倒在障碍物面前。这充分证明耳朵和嘴巴对于蝙蝠来说，比眼睛更重要，因而也有科学家称蝙蝠是"瞎子"。

87. 人为什么会生病？

万里悲秋常作客，百年多病独登台。

——〔唐〕杜甫《登高》

【译文】

悲秋景感慨万里漂泊常年为客，一生当中疾病缠身，今日我独上高台。

杜甫的诗句旨在抒发对自己艰难处境的感慨。同时，他在诗句中也道出了人的一生会经历大大小小许多病痛。人为什么会生病呢？而生了病，有时候不吃药我们也能扛过去，但有时候，不吃药就好不了，这都是为什么呢？其实，这都和人体的免疫系统紧密相连。根据医学研究显示，人体90%以上的疾病与免疫系统失调有关。

免疫系统是人体内抵御病原菌侵犯最重要的保卫系统。免疫细胞中有吞噬细胞，当病原体穿透皮肤或黏膜到达体内组织后，吞噬细胞首先从毛细血管中逸出，聚集到病原体所在部位。多数情况下，病原体被吞噬杀死。若未被杀死，则经淋巴管到附近淋巴结，在淋巴结内的吞噬细胞会进一步把它们消灭。

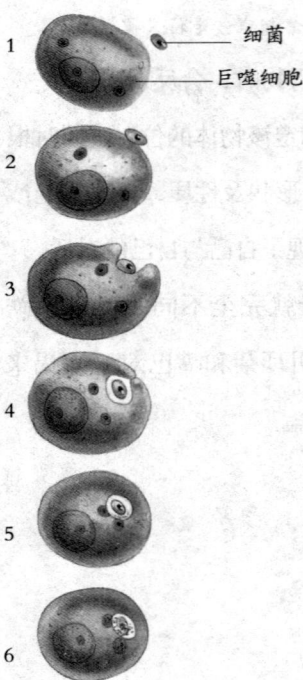

1 细菌 / 巨噬细胞
2
3
4
5
6

巨噬细胞消灭细菌的过程

巨噬细胞是吞噬细胞的一种，上图说明了巨噬细胞消灭侵入人体的有害细菌的过程。巨噬细胞首先吸附细菌，然后包裹细菌，并最终将其消灭。

淋巴结的这种过滤作用在人体免疫防御能力上占有重要地位，一般经过这两次吞噬，绝大部分病原体都已经被消灭完了。但不排除一些毒力强、数量多的病原体有可能不被完全阻挡而侵入血流及其他脏器的可能性。这种情况下，在血液、肝、脾或骨髓等处的吞噬细胞会对病原体继续进行吞噬杀灭。病菌被吞噬细胞吞噬后，一般经过5～10分钟死亡，30～60分钟被破坏，这是完全吞噬。因此，人们形容免疫系统像一支精密的军队，24小时昼夜不停地保护着我们的健康。

既然有完全吞噬，那相对应的也会有不完全吞噬。比如，结核分枝杆菌、伤寒沙门氏菌等，则是已经适应在宿主细胞内寄居的胞内菌，在无特异性免疫力的人体中，它们虽然也可以被吞噬细胞吞入，但不被杀死，这种情况下就发生不完全吞噬。这样，可使这些病菌在吞噬细胞内得到保护，免受机体体液中特异性抗体、非特异性抗菌物质或抗菌药物的有害作用，这时人体就表现出生病的症状。更有甚者，有的病菌尚能在吞噬细胞内生长繁殖，反使吞噬细胞死亡，然后随游走的吞噬细胞经淋巴液或血流扩散到人体其他部位，结果会造成广泛病变。

88.人为什么会口渴？

酒困路长惟欲睡，日高人渴漫思茶，敲门试问野人家。

——（宋）苏轼《浣溪沙》

【译文】

日高、路长更兼酒困，未免倦极口渴，便敲门讨水喝。

苏轼的诗句描绘了炎热的天气里行路，口干舌燥地去敲门讨水喝的画面。我们也有过相同的经历，烈日炎炎的夏日，大汗淋漓地运动一番后，总会觉得口渴，只有痛痛快快地喝一气凉水，才能重新恢复活力，继续投入到运动中去。人为什么会感到口渴呢？答案很明显，就是因为我们在运动中出汗太多了，需要补充水分。

水对人体具有重要的作用：水是人体不可或缺的"化学兵"，它能够对各种营养物质进行水解作用，以方便人体的消化和吸收；水是人体重要的"运输兵"，是它将各种营养物质运送到各内脏器官和各种组织，又将新陈代谢的废物运送到排泄器官处，以排除体外；另外，水还是人体体温的"调节者"，它将人体每昼夜产生的热量运送到体表，通过呼吸、出汗、排泄等方式，携带热量离开人体，使人体的温度一直保持在37℃左右。所以，人类一刻也离不开水，一旦缺水就需要马上补足，只有这样才能更好地维持人体各器官的正常运转。

那么，人体是通过什么方式觉察到缺水这一情况的呢？科学家们通过研究发现：人体在大量失水的时候，血量就会减少，而血量的减少会促使肾脏分泌出一种叫"血管紧张素"的化学物质，这一化学物质随着血液流入脑内，被脑内某一感受器所捕获，于是就发出了"渴"的信号，提醒人们该补充水分了。但是，也有科学家提出，能够接收到"血管紧张素"的感受器并不都存在于大脑之中，人体的其他部门也参与了渴感的产生。总之，现在科学家们唯一达成共识的一点就是渴感是由血量不足所引发的，但是它具体是怎样引发渴感的，直到今天还没有一个科学的解释。

总之，正是因为人有口渴现象的出现，我们才能及时补充水分，从而保证身体的正常运转。

当然，还有一些口渴是因为疾病造成的。有些人在脑损伤或神经外科手术后会口渴，这是因为患者体内缺少所谓"限制排尿激素"的缘故，激素的作用之一是协调人体内水、盐的代谢。一旦这种激素的平衡遭到破坏，它就会引起经常性口渴；患有肾病的人也会经常出现口渴的症状，这是因为肾已经丧失保持水分的能力，因此需要大量的水。

89.为什么吃饱了还会饿？

朱门酒肉臭，路有冻死骨。

——（唐）杜甫《自京赴奉先咏怀五百字》

【译文】

富贵人家门前飘出酒肉的味道，穷人们却在街头因冻饿而死。

杜甫的这句诗意在揭露贫富悬殊的社会现象。这里我们只借此句解释一下我们人体的生理现象：即便是人吃饱了还是会饿，这是为什么呢？

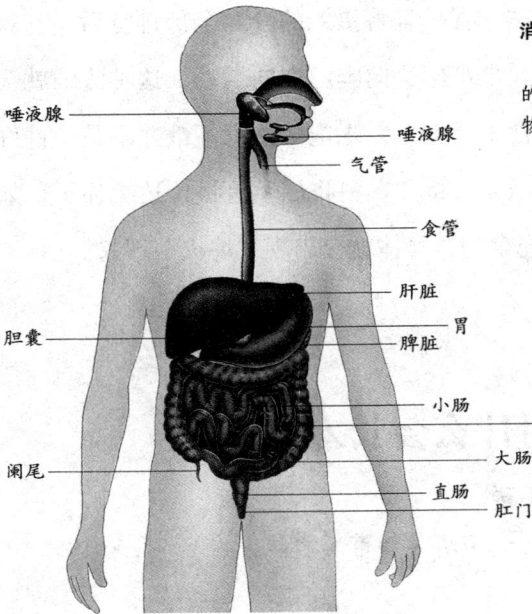

唾液腺

唾液腺

气管

食管

肝脏

胃

脾脏

胆囊

小肠

阑尾

大肠

直肠

肛门

消化系统

　　成人的消化系统约为6.5米长，消化系统的起始端是口腔，终端是肛门，小肠吸收食物中的大部分营养。

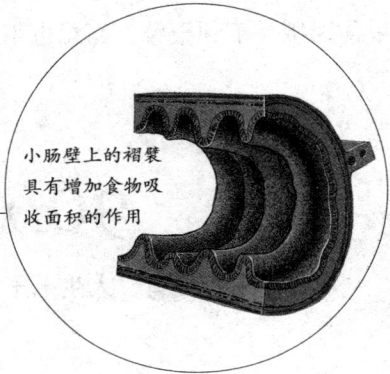

小肠壁上的褶襞具有增加食物吸收面积的作用

　　食物是补充身体营养的东西，就像汽车加满了油才能全力行驶一样，我们也需要通过补充食物来维持活力。但是，我们没有像驼峰一样的仓库，能够储存足够的食物，供几天所需，身体只能通过一日三餐来补充。身体之所以感觉到饿，就是神经中枢在提醒我们"汽油"要耗尽了，要赶紧补充，否则要影响运行了。

　　我们每顿吃进的饭菜，经过一段时间就会被胃中的消化液搅拌均匀，其中的少部分水被吸收后，就会被逐渐从胃排出。具体经历多长时间才能排空，这和食物的成分有密切关系，如果吃的主要是蜂蜜、果冻、巧克力、糖果等糖类食物，一般2个小时左右排空；如果吃的是豆腐、蛋类、鱼虾类等富含蛋白质的食物，大约需要3~4小时才能排空；如果吃的是油炸类、奶油类、肥肉等高脂肪食物，胃需要5~6个小时才能将它们排空。如果是杂食，那么胃排空的时间大约为4~5个小时。另外胃的排空速度还与进食的量有关系，如果胃中仅有100毫升的食物，那么胃每分钟大约排出5毫升；如果胃中的食物量达到了500

毫升，那么每分钟会排出15毫升左右。胃一旦将摄入的食物全部排空后，它就开始收缩，这种收缩比较剧烈，它起自贲门，向幽门方向蠕动，这种收缩就会让你感觉到饥饿，明白自己需要进食了。可见，吃饱了总也不饿并不是一件好事，说明你的胃出现了问题，它已经无法将"燃料将尽"警报传达给你了，如果你因接受不到报警，而总也不补充食物，身体就会出现"熄火"现象。

90.人为什么会长寿?

酒债寻常行处有，人生七十古来稀。

——（唐）杜甫《曲江》

【译文】

所到之处都欠下了酒债，这究竟是为什么呢？不过想想，七十岁高龄的人自古以来就不多见，趁着生前多喝几杯吧。

杜甫的诗句说明唐代以前，活过70岁是一件很难的事情。这涉及到一个千古难题：人究竟能活到多老？这个问题，又可以分成三个部分：人类最长寿命是多少？人类平均寿命是多少？每个人的预期寿命又是多少？

所谓寿命，是指从出生经过发育、成长、成熟、老化以至死亡前机体生存的时间，通常以年龄作为衡量寿命长短的尺度。人的寿命长短，是遗传因素、环境因素和偶然因素的综合结果。例如，古代经济水平不发达，医疗水平落后及战争频繁等一系列原因，人均预期寿命普遍偏低。人均预期寿命是我们统计出来的平均结果，并不适用于每个人。因为每个人都有独特的遗传因素，我们没法预测某个人的预期寿命，也无法知道哪些因素对某个人的长寿是最重要的。但我们可以想到，比起杜甫所处的唐代，现代人的寿命已经有了很大的提高。

事实也确实如此，2001年中国人均预期寿命为71.8岁，而1981年为67.77岁，20年间增加了4岁。在新中国成立前，中国人均预期寿命仅有35岁。据联合国人口处公布的《世界人口前景：2000年修订版》，目前发达国家的人均预期寿命为75岁，而发展中国家则为63岁。这表明中国的人均预期寿命已接近发达国家的水平，个别地区已超过发达国家的平均水平，例如根据上海市统计局统计，2000年上海市人口平均预期寿命达78.77岁，其中男性为76.71岁，女性为80.81岁。

近来的研究发现，除了遗传和生活因素，胚胎发育的环境对人的寿命也有重要影响。在2001年11月，芝加哥大学衰老研究中心的研究人员发表了他们对19世纪13000多名（6635名男性，6488名女性）活到30岁的欧洲贵族的寿命的分析成果。他们发现，出生的月份、受精时父亲的年龄以及出生顺序与女性的寿命相关，但与男性的寿命无关。女性出生月份和其寿命是个M形关系，即2月出生的最低，3、4月上升，到5月达到第一个高峰，然后开始下降，在8月达到低谷，又开始上升，在12月达到

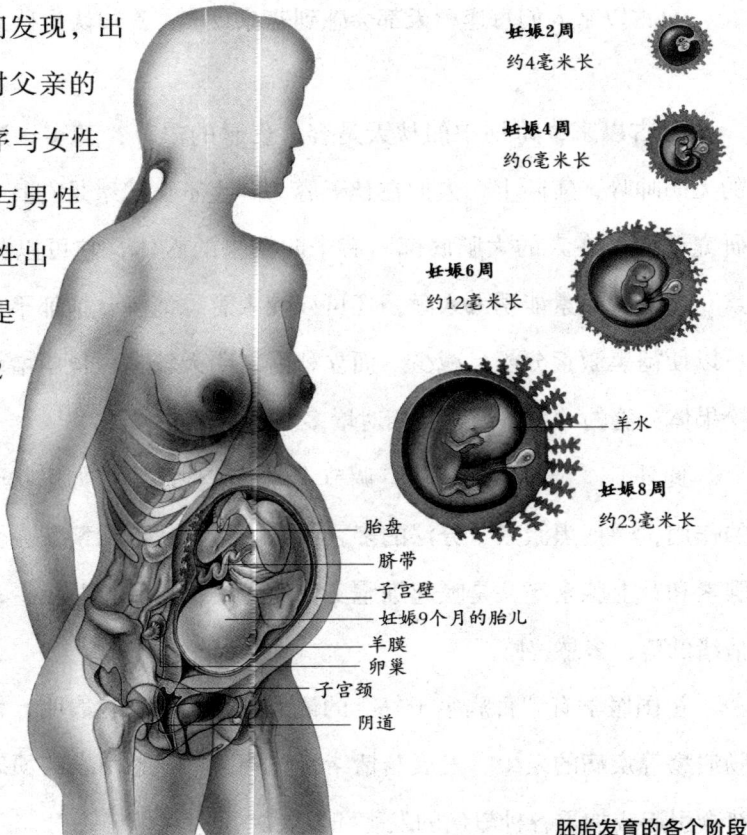

妊娠2周
约4毫米长

妊娠4周
约6毫米长

妊娠6周
约12毫米长

羊水

妊娠8周
约23毫米长

胎盘
脐带
子宫壁
妊娠9个月的胎儿
羊膜
卵巢
子宫颈
阴道

胚胎发育的各个阶段

另一个高峰。那些在5月和12月出生的女性，平均来说要比在2月出生的女性多活2～3年。这可能是季节因素（与维生素的吸收、传染病的感染等因素有关）影响了胚胎发育所致。

91.人为什么会愁秋呢？

自古逢秋悲寂寥，我言秋日胜春朝。

——（唐）刘禹锡《秋词》

【译文】

自古以来人们每逢秋天都会感到悲凉寂寥，我却认为秋天要胜过春天。

自古以来，诗词中的秋天是容易伤感的季节，其实，这并不是文人骚客的无病呻吟，实际上，人们在秋天容易产生不良情绪是有其生理基础的。医学研究证明，在人的大脑底部，有个叫松果的腺体，它可以分泌一种"褪黑激素"，这种激素能诱人入睡，还可以使人意志消沉、抑郁不乐；充足的阳光则可以使褪黑激素分泌量减少。而立秋后，阴天较多，秋雨增多，阳光少且弱，松果体分泌的"褪黑激素"相对增多。

此外，"褪黑激素"还有调节人体内其他激素（如甲状腺素、肾上腺素）的作用，"褪黑激素"分泌的多，甲状腺素、肾上腺素就会受到抑制，而甲状腺素和肾上腺素等又是唤起细胞工作的激素，它们相对减少，人也会因而变得情绪低落，多愁善感。

祖国医学有"百病生于气"的说法，现代医学也表明，胃炎、胃及十二指肠溃疡等疾病的发生、发展与情绪密切相关，秋愁引发的愤怒、抑郁等不良情绪会引起或加重各种胃病的发生和发展。

忧虑、焦虑、抑郁、悲伤等消极性情绪持续过长或过于激烈，在一定的条件下还能够引起人体各个系统功能的失调。在心血管系统方面，可能引起心慌、心动过速、血压升高；在呼吸系统方面，可能引起气短、哮喘；在泌尿系统方面，可能出现尿急、尿频；在神经系统方面，可能出现头痛、失眠等；在心理疾病方面，则会产生抑郁症、强迫症等。

92.人为什么会记得或忘记梦的内容？

好梦追寻忘首尾，但闻窗外竹摇风。

——（宋）李若水《睡觉》

【译文】

醒来时一个好梦忘记了开头和结尾，只听见窗外风吹动竹子的声音。

正如李若水"好梦追寻忘首尾"所描写的一样，你是否也曾有过这样的经历：晚上做了一个很长的梦，结果闹钟一响，起来后只能零星记得梦的片段内容。为什么人会做梦呢？

实验证明，每一个人睡眠的时间中有五分之一的时间在做梦。有一种学说认为，做梦是一种信息的处理。做梦时，大脑不断地处理着各种不重要的信息，将它们排除在记忆之外。我们的大脑虽然有很大的记忆量，但是，大脑中多余的信息还是相当地多，如果不加以处理，有些记忆不被淘汰，就无法把其他记忆转变成长期记忆。因此，遗忘不是完全消极的。做梦过程中，大脑就在抓紧处理大脑中的各种信息，有的储存起来，有的则遗忘。正是由于这种功能，早晨起来后人的脑子会特别清醒，记忆力也很强，那是因为大脑中的杂乱信息得到了及时清理的缘故。

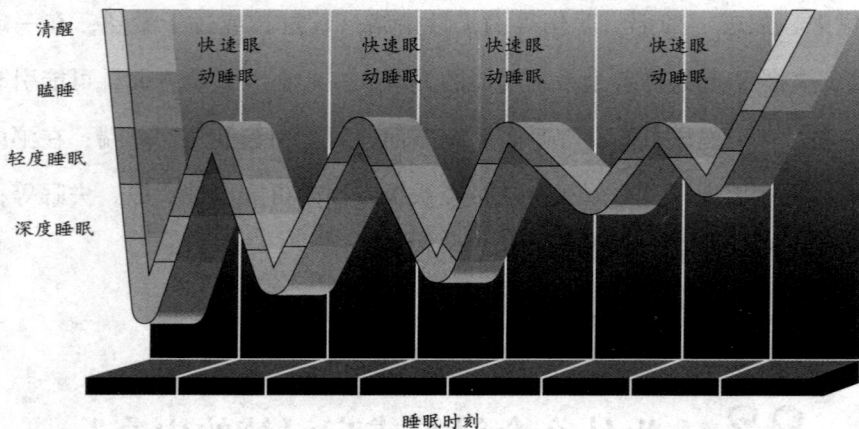

清醒
瞌睡
轻度睡眠
深度睡眠

快速眼动睡眠　快速眼动睡眠　快速眼动睡眠　快速眼动睡眠

睡眠时刻

睡眠模式

正常的睡眠模式包括规律性的起伏。睡眠过程中轻度睡眠和深度睡眠多次交替往复。随着睡眠时间的增加，深度睡眠程度减弱。在快速眼动睡眠时，人体的呼吸和心率减弱。在深度睡眠时，肌肉活动最少，心率和血压也降至最低点。

有人研究过，如果不让受试者做梦，剥夺其做梦的权利——一旦停止实验，他就会做更多的梦，仿佛是要把因为不能做梦或少做的梦补足。心理学实验还表明，被剥夺了做梦权利的动物特别敏感，特别容易兴奋，也特别容易发怒。这说明，做梦还具有心理调节的功能。

而至于梦的内容为什么会记得或者忘记，就和人的快动眼睡眠有关了。睡眠一般可分为快动眼睡眠和非快动眼睡眠（分为入睡、浅睡、深睡、延续深睡四个时期）两种不同的状态。

快动眼睡眠一般发生在8小时睡眠期的后部，并可以持续90分钟左右。它在巩固大脑功能方面（如记忆和学习等）有重要作用，此期出现眼球快速转动，大脑非常活跃，手指、脚趾常出现不规律活动。做梦都是出现在这一时期，如果在这个时期被叫醒，通常会清醒地记得梦的内容。

第五章　挖掘物理真相

DIWUZHANG　WAJUE WULI ZHENXIANG

93.为什么白居易说露似珍珠？

可怜九月初三夜，露似珍珠月似弓。

——（唐）白居易《暮江吟》

【译文】

让人怜爱的是九月凉露下降的初月夜，滴滴清露就像粒粒珍珠，一弯新月仿佛一张精巧的弓。

这句诗不但蕴含着诗人对大自然的热爱之情，也包含了丰富的物理学知识。农历九月初正当"寒露"，白天气温不太低，到了夜晚却寒意袭人，空气中大量的水蒸气会因为温度降低而液化，落在草尖上形成露珠，"露似珍珠"说明露珠呈球形且晶莹透亮。呈球形是因为液体的表面张力作用，使液面具有收缩到最小面积的趋势（在体积相等的各种形状的物体中，球形物体的表面积最小）。而露珠特别明亮并不是因为露珠本身会发光，而是由于光发生了全反射的缘故。

当然露珠是圆形为全反射提供了条件：太阳光相当于面光源，射来的是平行光；光射到露珠上时发生了以下几种光学现象：一，与光垂直的部分光是垂直通过的，二，与光非垂直的露珠表面部分发生光的反射、散射等。而使露珠发光的全反射则是有一部分光被封存在露珠内部跑不出来的

露由于其形态经常凝结成珠状，因此也被称为露珠。

缘故。

首先，我们要知道什么是全反射，全反射是指光由光密媒质（光在此介质中的折射率大）射到光疏媒质（光在此介质中折射率小）的界面时，折射角将大于入射角。当入射角增大到某一数值时，折射角将达到90°，这时在光疏介质中将不出现折射光线，只要入射角大于上述数值时，均不再存在折射现象，全部被反射回原媒质内。当阳光照在水珠和空气的交界面上（空气是光疏介质，水是光密介质），一部分阳光和交界面的交角大于上述数值，所以这部分阳光就不再折射，而是全部又返回光密介质（即水珠），这时我们就看到了"露似珍珠"的现象。看来，这一诗句是很符合科学原理的生动比喻。

94.为什么说站得高看得远？

欲穷千里目，更上一层楼。

——（唐）王之涣《登鹳雀楼》

〔译文〕

要想看到更远的景色，就要站得更高，登上更高的楼层。

人向四周望去，会感到自己置身在一个目力所及的圆面的中心。这个圆面的边缘就是地平线。地平线是不可接近的，当你向它走去，它就向后退去。当你向后退时，它又向你走来。我们极目望去，地平线是与天相接的。地平线离我们有多远？它与观测者在地球表面上的高度和地球的半径有关。根据计算，一个中等身材的人在平地上所能望见的距离不会远过4.8千米。如果站得高一点，地平线就会远一些。

简单解释就是，站得高看得远，王之涣的这句诗就含有这个科学道理。但地球是一个类似椭圆形的扁球，因为是球体，所以才会有"站得高看得远"的说法。

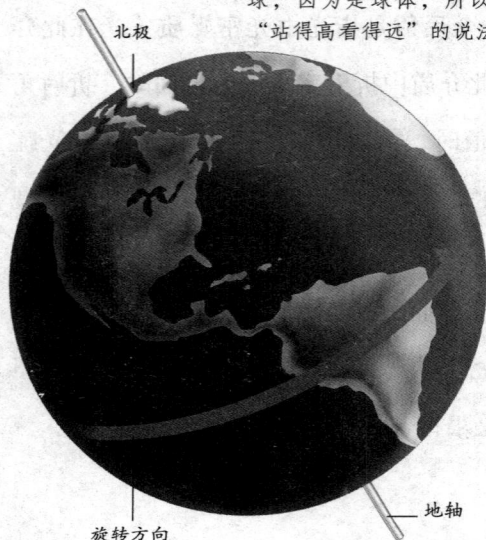

北极

旋转方向

地轴

如果你简单地理解成站得高就可以躲过障碍物的遮挡，就不正确了。因为即使在地球上没有障碍物，人的视野也会被限定在一定的范围内，这是因为地球是一个球体。人们在海边看远处开来的帆船，首先看到的是船的桅杆，然后才能看到船体就是这个道理。

"欲穷千里目，更上一层楼"，科学的解释是人的视线和地球球体的切点（直线与圆有一个交点时，叫作直线与圆相切，这条直线叫作圆的切线，圆心垂直到这条直线上的点叫作切线中的切点）越远，地平线就越远，看得就越远。让人站得更高，就是为了视线与地球的切点更远。因而，我们坐飞机看得更"远"正是这个道理。

95.为什么淘金女在江边淘金?

日照澄洲江雾开，淘金女伴满江隈。

——（唐）刘禹锡《题都城南庄》

【译文】

太阳照到江中的水洲上，浓雾慢慢地散开。江上逐渐晴朗，在江边弯曲处，满是淘金的妇女。

淘金妇女聚集在江边弯曲处是因为江水弯曲部位的外侧，水流的速度比较大，能够更好地把沙金与沙子分开，因比说"淘金女伴满江隈"，"隈"就是山、水弯曲的地方。

淘金的过程是利用物体在水中受到的浮力等于它排开的水受到的重力这一著名的阿基米德定律。相传是阿基米德为鉴定一顶纯金王冠的真伪问题陷入沉思，洗澡时发现了这条重要定律。沙子和沙金的比重都比水大，它们在水中都不会浮在水面上。搅动含有沙金的江底泥沙，使它们浮动起来，同样体积的沙子与沙金在水中受到的合力（重力减去浮力）不同，沙金受到的合力大些（因为沙金的比重大），因而下降的速度也央些。在流动的水中沙子和沙金就会沉降到不同的地方。这样沙子与沙金就分开了。

96. 为什么我们看到的桃花是红色的？

去年今日此门中，人面桃花相映红。

——〔唐〕崔护《题都城南庄》

【译文】

去年的今天，就在这长安南庄的一户人家门口，我看见那美丽的面庞和盛开的桃花互相映衬，显得分外绯红。

在"人面桃花相映红"这句诗中，用光学知识来解释，是因为桃花反射了红光。在有光线照射的情况下，眼睛能看到的任何物体都是这个物体的反射光进入视觉所形成的。我们看到在同一种光线条件下，同一样景物具有各种不同的颜色，是因为物体的表面对色光具有不同的吸收光与反射光的能力。反射光不同，眼睛就会看到不同的色彩。物体只反射红色波长的光，而吸收了其他波长的光，那么这个物体就是红色的。
依此类推，各种物体的色彩现象就是
这样显现出来的。桃花的表面将红光
反射出来，送到我们的眼帘，我们便
感觉到桃花是红的，而桃花本身是
不会发出红光的。

那么花儿颜色是怎样形成的呢？
原来花和叶的细胞液里含有由葡萄糖变
成的花青素。万紫千红的色彩都是花青
素在不同的酸碱反应中所显示出来的。太
阳光经过三棱镜或水滴的折射，会分成红、
橙、黄、绿、青、蓝、紫七种颜色。酸性的花

花青素决定了花的颜色。

青素会吸收除红色外的其他色光，而把红色的光波反射出来，传到我们的眼
睛，我们看到的便是鲜艳的红花；中性的花青素反射紫色的光波，碱性的花青
素反射蓝色的光波；如果碱性较强，则成为蓝黑色；白花不含花青素，于是细
胞组织会将各种光波全部反射出来，便是我们看到的白花。

不同的光具有不同的波长，红光波长最长，紫光波长最短。光的波长越
长，增热效应也越大。花的组织，尤其是花瓣，一般都比较柔嫩，红光和黄光
的增热效应比较大，花瓣正好能把阳光中的红光和黄光反射出去，因而不容易
被灼伤，起了自我保护作用，所以在花儿中，红花和黄花比较多。蓝花一般
都生长在树林下、草丛间，反射短光波，吸收微弱的含增热效应大的长光波，
这对它的生长是有利的。而黑色的花能将各种光波全部吸收，容易受到热量伤
害，经过长期的自然淘汰，黑色花的品种便少之又少了，这就是为什么黑色花
特别珍贵的原因。

97.为什么孟浩然在瀑布下看到了彩虹？

香炉初上日，瀑水喷成虹。

——（唐）孟浩然《彭蠡湖中望庐山》

【译文】

高耸的香炉峰，抹上一层日光，庐山瀑布飞流直下，在旭日映照下，出现了雨后一样的彩虹。

孟浩然这首诗极具科学意义，不仅记录了"虹"这一自然现象，还揭示了产生"虹"的两个条件：阳光和小水珠。

我们知道，当太阳光通过三棱镜的时候，前进的方向就会发生偏折，而且把原来的白色光线分解成红、橙、黄、绿、青、蓝、紫七色的光带。下雨时，或在雨后，空气中尘埃少而充满着无数个小小的能偏折日光的水滴，当阳光经过水滴时，不仅改变了前进的方向，同时被分解成红、橙、黄、绿、青、蓝、紫七色光，这时天空的一边因为仍有雨云而较暗，而观察者头上或背后已没有云的遮挡而可见阳光，这样人们就看到了彩虹。而彩虹的明显程度，取决于空气中小水滴的大小，小水滴体积越大，形成的彩虹越鲜亮，小水滴体积越小，形成的彩虹就越不明显。

晴天瀑布下的彩虹

这说明，只要空气中有水滴，而阳光正在观察者的背后以低角度照射，便可能观察到彩虹。这也是为什么孟浩然在瀑布下看到彩虹的原因。

一般说来，只有夏天才有彩虹，这是因为夏天多下阵雨，雨后容易见到彩虹；而冬天的气温较低，在空中不容易存在小水滴，下雨的机会也少，所以冬天一般不会有彩虹出现。

至于彩虹为什么是拱形的？是由于当太阳的一道光束碰到了水滴，会发生弯曲，而光弯曲的程度视光的波长（即颜色）而定，阳光中的红色光，折射的角度是42度，蓝色光的折射角度只有40度，所以每种颜色在天空中出现的位置都不同。若你用一条假想线，连接你的后脑勺和太阳，那么与这条线呈42度夹角的地方，就是红色所在的位置。而蓝色光与假想线只呈40度夹角，所以彩虹上的蓝弧总是在红色的下面。以相同视角射向眼睛的所有光束，勾勒出一个弧必然在一个圆锥面上。此外，地球表面为一曲面而且还被厚厚的大气所覆盖，与彩虹的形状也有密切的关系。

98.为什么李白看到香炉峰升起了紫烟？

日照香炉生紫烟，遥看瀑布挂前川。

——（唐）李白《望庐山瀑布》

[译文]

阳光照耀的庐山香炉峰，一片片紫色的烟雾缭绕，遥望下落的瀑布就像挂在山前的水面上。

当我们看到诗句写山峰被紫色的烟雾缭绕，似乎感觉很难见到。是不是诗人看花了眼？或者是做了牵强附会的描写？其实都不是，这样的情况在一定条件下是可能发生的。

阳光透过小水滴可以产生彩虹，这是我们前面解释过的。而阳光照到庐山香炉峰为什么会出现紫色呢？原来，光线通过烟雾微粒时会发生散射。当这些烟雾微粒的直径比光波波长小时，散射光的强

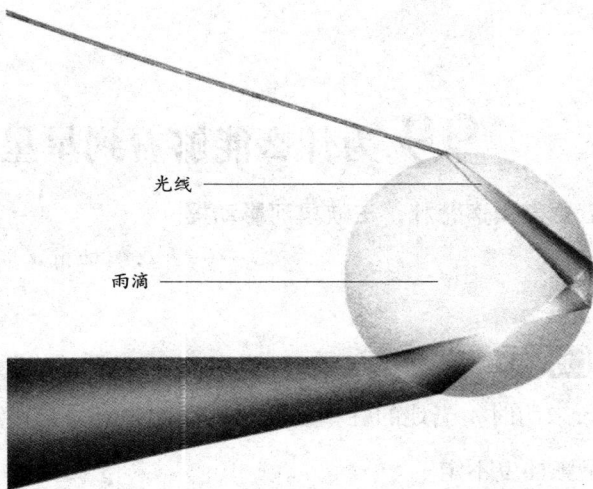

光线 ————

雨滴 ————

穿过水滴的光在进出水滴时发生了折射。

度与入射光波长的四次方成反比，也就是说太阳辐射中波长愈短的电磁波，散射愈强烈。例如，波长为0.7微米时的散射能力为1，那么波长为0.3微米时的散射能力就为30。这个关系叫作"瑞利散射定律"，由英国物理学家瑞利提出而得名。

通常情况下，辐射波长比散射粒子的尺寸大得多，但如果太阳辐射遇到直径比波长小的空气分子，就适用于瑞利散射定律。如雨过天晴或秋高气爽时，就因空中较粗微粒比较少，因此波长较短的青蓝色光散射显得更为突出，天空一片蔚蓝。

我们知道，可见光是由红、橙、黄、绿、青、蓝、紫七色光组成的，可能李白观看瀑布那天香炉峰瀑布产生的水雾的直径和紫光的波长差不多，所以散射光中紫光最强。李白注意观察了这个现象，原原本本写进了他的诗中，"日照香炉生紫烟"便是当时的真实写照。

李白不可能有今天的物理学知识，因而我们看到这些诗，除了赞美他们的艺术天才之外，也能体会到他们在探求自然的本质方面是何等细致。

99.为什么能够看到星星眨眼?

五更鼓角声悲壮,三峡星河影动摇。

——(唐)杜甫《阁夜》

【译文】

天未明时,当地的驻军已开始活动起来,号角声起伏悲壮。倒映在三峡水中的星影摇曳不定。

星光是古代诗人很喜欢描写的对象,晴空夜晚,肉眼就能看到"星河影动摇",这种星光时明时暗的闪烁现象,俗称星星眨眼。现在,我们知道,星光是光通过大气之后,强度发生随机变化的现象,是一种光波在湍流大气中的传播效应。

我们知道,大气不是静止不动的,热空气会上升,冷空气则会下降,加上风吹来吹去,大气就时刻不停地上下翻腾。星光在到达我们的眼睛以前,必须经过地球的大气层。大气层动荡不定,加上各层大气的温度、密度又各不相同,使光线的折射程度也各不相同,从而导致星光经过许多次的折射,时而会聚,时而分散。这些现象,统称为光波传播的湍流效应。

星光的闪烁是光波强度起伏引起的,星的高度角越小,星光通过的大气路径越长,则星光闪烁现象越明显。通过望远镜,我们会清楚地看到,除了亮度不断变化之外,星星的位置也不断变化。这种位置振动的振幅约为几分之一(角)秒至几(角)秒,振动频率约为2~30赫,人们常把这种位置的变化称为抖动。

此外,星光闪烁的频谱与光波传播路径上的横向风速分量也有关系,风速加大，频谱向高频方向移动。闪烁强度也与大气湍流强度有关，因此有明显的日变化：中午最强，夜间最弱。也就是说，测量闪烁强度的变化，能够推断大气中的风速结构和湍流状况。因而，有经验的人可以据此预测天气：如果星星很少"眨眼睛"，第二天就是晴天；如果星星频繁地"眨眼睛"，第二天就可能是阴天，甚至会下雨。这是怎么回事呢？原来，当冷热空气剧烈交锋时，空气中充满了水汽，气流杂乱的运动会使星光闪烁不定，人们据此就可以知道第二天是阴天或下雨了。

100.为什么人会有影子？

起舞弄清影，何似在人间。

——（宋）苏轼《水调歌头》

【译文】

对月起舞，清影随人，仿佛乘云御风，置身天上，哪里像在人间！

人在月光下起舞，影子也随人而舞动。因为有了影子，我们的生活也多了些乐趣，比如我们小时候玩过踩影子游戏、手影游戏等等。那么，影子是如何产生的呢？影子是光线留下的黑斑。当你行走在昏暗的路上时，假如前方有一盏电灯照着，电灯发出的光芒会照向你的身体，你头顶以上的光线会照在你身后较远的地方，在那形成一片较亮的区域；而你头顶下的光线则由于你身体的阻挡而不能穿过，所以就在身后较近的地方形成一块黑斑。这黑斑就是影子。如果你足够细心，就会发现：当你逐渐靠近电灯时，你身后的影子还会经过一个由短到长的变化。这也是因为光的直线传播，造成了光在你身后形成的光亮区域逐渐变大，而黑斑则逐渐变小。

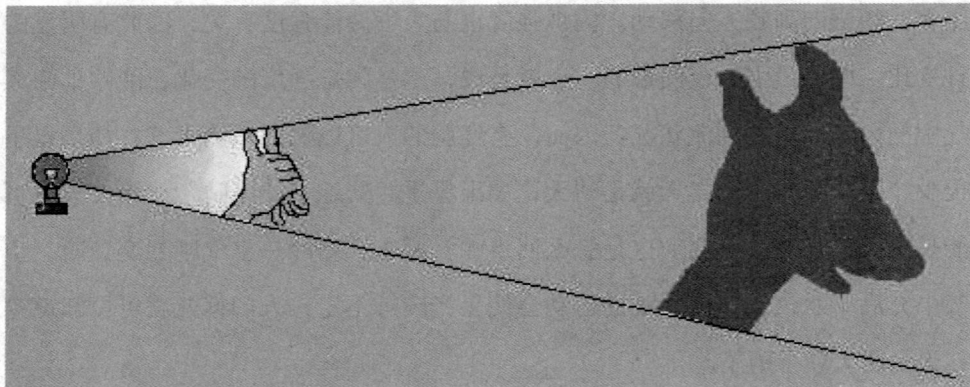

在灯光下，由手指投影出的小狗形象。

　　有时，你还会发现影子是飘飘忽忽的。这是因为空气中的风吹动了悬吊的电灯，致使电灯发出的光也是"飘飘忽忽"的。当"飘飘忽忽"的灯光照到你身上时，在你身后形成的黑斑自然也是飘飘忽忽的。当然，也有可能电灯是固定不动的，是你的衣服被大风吹动，从而在你身后形成摆动的影子。

　　还记得孩童时期玩过的踩影子游戏吗？在阳光下，小伙伴们相互追逐着，努力要把对方影子中的"脑袋"或"屁股"踩在脚下。可实际上，影子是不能够被踩在脚下的。这是因为影子并不是一个简单的平面，它也是有立体空间的。也就是说，光线在物体后形成的黑暗区域不仅出现在地面上，地面上方的一定空间里也存在黑暗区域，只不过这个黑暗区域我们分辨不出。当人的脚踩在地面上的黑暗区域时，地面上空的黑暗区域立刻就将人的脚面覆盖住。所以，想将影子踩在脚底下是不可能的。

　　影子并不是物体的实像，不过它的外形轮廓与物体是相似的，也就是物体的轮廓什么样，影子的形状就什么样。正是因为这个原因，人们创造出了手影游戏。比如人们将手指交错成小狗或小鸟的形状，然后将手指放在电灯下。因为电灯光是沿着直线传播的，所以当它照射到手指上的时候，会在手指的下方留下一个影子。又由于影子的外形轮廓与物体是相似的，所以，我们看到手指的影子就是各种各样的动物模样了。

101.李白为什么说"对影成三人"？

举杯邀明月，对影成三人。

——（唐）李白《月下独酌》

【译文】

举杯向天，月下独酌邀请明月，与我的影子相对，便成了三人。

这句诗是诗人在畅饮之时，在光与影的迷幻之中写下的脍炙人口之句，我们从字面可以隐约看见光与影两者之间的相互联系。"明月"何以成"对影"，又怎会有"三人"？根据光是沿直线传播的基本性质，这里我们粗略地将"明月"当作点光源（能够自行发光的物体叫光源），点光源发出的光照到不透明的物体（人），物体向光的表面被照明，在背光面的后方形成了一个光线照不到的黑暗区域，这就是物体的影。

当然，由于"明月"的发光面比较大，发光面上的每个发光点，都可以看作一个点光源，它们都在物体背后造成影区，这些影共有的范围完全不会受到光的照射，叫作本影。本影周围还有一个能受到光源发出的部分光照射的区域，叫作半影。因而，诗中所说的"对影成三人"的现象便是由本影和半影而产生的。

李白不仅有"举杯邀明月"的豪迈，还不乏细致的观察，因此看到了"对影成三人"，这句诗是诗人的思想感情和科学现象的具体统一。可以看

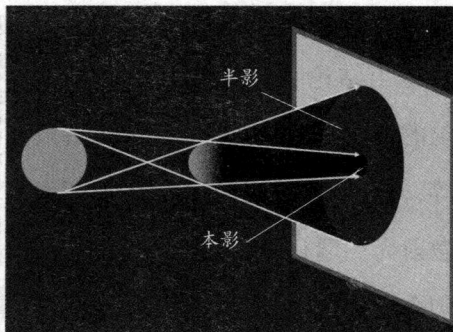

本影和半影示意图

出，人类很早就开始了对光的观察和研究，逐渐积累了丰富的知识，因而使光学成为物理学中发展最早的分支之一。

102.为什么朝霞晚霞是红色的?

一道残阳铺水中，半江瑟瑟半江红。

——（唐）白居易《暮江吟》

【译文】

傍晚时分，快要落山的夕阳，把晚霞柔和地铺在江水之上。晚霞斜映下的江水看上去好似鲜红色的，而绿波却又在红色上面滚动。

白居易用"残阳""半江红"描写了一个现象：晚霞是红色的，并且染红了天和江水。那么，为什么晚霞是红色的呢?

前面我们提到过瑞利散射定律：假设有一强光源，将强光源S所发出的光束入射到装满水的玻璃容器上，水内加上几滴牛奶使之成为浑浊物质，光通过这类物质后发生散射，从正侧方向（垂直于入射光的传播方向）观察时，散射光带青蓝色，即此入射光含有较多的短波；从面对入射光的方向看，则通过容器的光显得比较红。根据实验，瑞利得出结论：当光线入射到不均匀的介质中，如乳状液、胶体溶液等，介质就因折射率不均匀而产生散射光。瑞利研究还表明，即使均匀介质，由于介质中分子质点不停的热运动，破坏了分子间固定的位

晚霞

置关系，从而也产生了一种分子散射。

正午时，太阳直射地球表面，太阳光在穿过大气层时，各种波长的光都要受到空气的散射，其中波长较长的波散射较小，大部分传播到地面上。而波长较短的蓝、绿光，受到空气散射较强，正是由于这个原理，波长较短的光易被散射掉，而波长较长的红光不易被散射，而且波长较长的红光穿透能力也比波长短的蓝、绿光强。这就是为什么晚霞（或朝霞）是红色的原因。

103.为什么清澈的池水比目测要深呢？

潭清疑水浅，荷动知鱼散。

——（唐）储光羲《钓鱼湾》

【译文】

俯首碧潭，水清见底，因而怀疑水浅没有鱼；蓦然见到荷叶摇晃，才得知水中的鱼受惊游散了。

储光羲这句清新的诗句写出了钓鱼湾的美景和渔趣，同时，也解释了一个物理假象：光的折射现象使得池水看上去变得比较浅。这是为什么呢？

我们知道，不同的介质对光线会有不同的阻碍作用，这个不同的阻碍作用使得光线在不同介质中传播时，速度不同。正是因为速度不同，所以当光线从一种介质射向另一种介质时，其传播路线会发生一定程度的偏折，不再以一个相同的速度直线前进。这个偏折的程度取决于光速的变化。

光从一种介质射向另一种介质，在两种介质的交界处是不均匀的，所以，折射通常只发生在两种介质的交界处（如空气与水的交界处、空气与玻璃的交界处），在两种分开的介质中，光线仍然按照直进方式传播。不过，这并不意

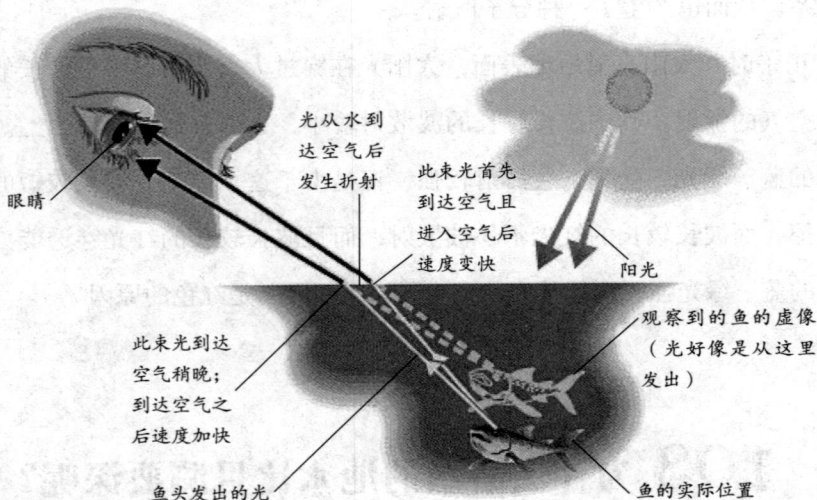

人眼透过水面看鱼体位置的变化

味着光线在同一种介质中传播就不会发生折射，它仍然是会发生折射的——只要这种介质不均匀（如不同的区域具有不同的密度），那么光线在其中的速度就会不同；只要速度不同，那么光线就会发生偏折。

因而，"潭清疑水浅"正是光射向空气与池水的交界面时，发生了折射现象造成的。具体地说，由于空气和水是两种不同的介质，光在空气中的速度要大于在水中的速度，所以当光从空气中射向水中时，原来直射的光不再直射，而是向直射线下方偏折（入射角大于折射角），从而在水底实际位置的上方形成视象。从人的视角来看，由于光是可逆的，把我们的眼睛看成发光体，我们看到的物体是入射线直线延伸形成的虚像，由于这条延伸线在折射线的上方，所以我们看到的池水深度就位于实际池水深度的上方，由此一来，池水就变浅了。光的折射是池水变浅的决定因素。

当然，还有一个辅助因素增加了池水"变浅"的条件，那就是潭水清澈，一眼就能看到底，这也会给人造成一种池水浅的错觉。综上原因，池水之所以会"变浅"，完全是因为我们的眼睛被"欺骗"了。

104.江水为什么是蓝色的?

日出江花红胜火，春来江水绿如蓝。

——（唐）白居易《忆江南·江南好》

【译文】

日出时，江边红花比火还红艳，春天到来时，一江绿水仿佛被蓝草浸染。

平时，我们看到的灿烂阳光，是由红、橙、黄、绿、青、蓝、紫七种颜色的光合成的。七色光波长的长短不一，从红光到紫光，波长由长渐短，而波长越长，穿透力越强，越容易被江河水吸收。在江河水表层30～40米的深处，进入水中的红、黄、橙等长波光线，几乎全部被江河水吸收，而波长较短的绿、蓝等光线，则不容易被吸收，且会发生强烈的散射和反射。所以，人们见到的江河水就呈现一片蓝绿色或深蓝色了。

你也许会问，紫光波长最短，散射和反射应当最强烈，为什么江河水不是紫色呢？实验表明，人眼对紫光很不敏感，因此对江河水反射的紫光视而不见。所以江河水不呈现紫色，完全是因为人眼没有如实反映情况的缘故。

细心观察，你会发现江河水中的蓝色并不是统一的，近岸水域的颜色呈浅蓝或浅绿色。这种现象在含沙量较多的河流入海口附近更为明显，因为这里除了含有大量的土壤悬浮颗粒之外，水中浮游植物等有机物相应增多，除了悬浮颗粒物对光的散射作用外，有机物中的绿色色素（即叶绿素）起了主要作用，因而使江河水看上去更绿了。

不过，向远处望去，你会发现，江河水看上去变蓝了，这是因为越往里面走，悬浮物质减少，颗粒也很微小，因此水的颜色主要取决于我们前面说到的江河水分子的光学性质（即散射和反射），因而江河水看上去更蓝了，也因而有了诗人"江水绿如蓝"的感慨。

105.为什么李白看见了"空中楼阁"？

月下飞天镜，云生结海楼。

——（唐）李白《渡荆门送别》

〔译文〕

明月映入江水，如同飞下的天镜。云层构建天空的海市蜃楼。

这句诗说明早在唐代人们已经关注海市蜃楼这一奇特的现象。也许以当时的科学水平还不能解释这种现象，但时至今日，我们已经能猜测到，天空中之所以会出现海市蜃楼，是因为光线的折射。

海市蜃楼通常发生在海面上，它的发生原理是：夏季的白天，海水温度较低，特别是有冷水流经过的海面，水温更低。下层空气受水温影响，较上层空气为冷，这就形成了下层空气密度比上层空气密度大的格局。假设这时，在我们的视线之外有楼阁，它会反射太阳光。当反射的太阳光经密度大的下层空气

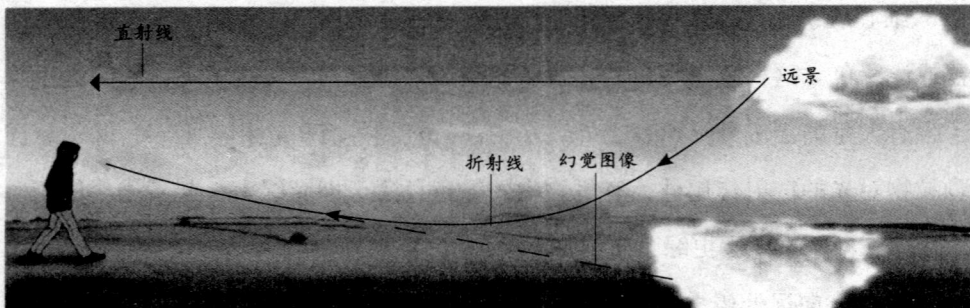

海市蜃楼示意图

逐渐折射进密度小的上层空气中时，会在上层空气中产生全反射。反射回的光线就在人眼内形成视像。由于人的视觉总是感到物像是来自直线方向的，所以我们所看到的楼阁映像实际上比实物抬高了许多。

人们经过长期的观察，发现海市蜃楼偏爱海洋和大沙漠，且出现的时间多为夏季。这又是什么道理呢？

原来，海市蜃楼出现的关键在于天空中存在两层密度差异较大的空气层，而只有在夏天的海面或沙漠上，这样的空气层才较容易形成。因为，夏天的海面或沙漠（在沙漠里，白天沙石受到太阳的炙烤，沙石附近的下层空气气温上升极快，而上层空气的温度却仍然很低），其上下两层空气的温度差异较大，空气密度的差异自然就较大。

无论是海面上的海市蜃楼，还是沙漠中的海市蜃楼，它们都只能在无风或风力极微弱的天气条件下出现。因为当大风一起，上下层的空气会发生搅动混合，这很容易就减小了上下层空气密度的差异，从而不利于光线的折射和全反射。

106.为什么太阳也有不圆的时候？

大漠孤烟直，长河落日圆。

——（唐）王维《使至塞上》

【译文】

浩瀚沙漠中醒目的烽烟挺拔而起，长长的黄河上西下的太阳圆圆的。

王维这句诗中的"烟直""日圆"描述了最平实、合乎常理的景象，不但意思很好理解，而且也合乎太阳在我们脑海中恒久不变的印象：它只能是圆盘形的。然而，你知道吗，这并不绝对，当大气符合一定条件时，太阳也是会变化的。

如果你在海滨，有时你会看到这样一种情景：天空中挂着的太阳既不是中天时的正圆形，也不是日落时的椭圆形，而是一种长长的扁平形，就如同中国古代的宫灯。太阳原本是圆形的，怎么就变形了呢？

这是太阳玩的一个"法术"，这个"法术"是借助大气来完成的。具体来说：大气的折射率主要取决于大气的密度，而大气密度又与温度和压力有关。在海洋上空，大气中的上下对流现象较少，因此，容易形成温度和密度不同的气流层。来自太阳不同部位的光通过这些气流层，经折射后，改变了原来的排列次序——太阳上部边沿的光线较下部边沿的光线更接近地平线，通过的大气层薄，折射层次少，弯曲程度小，抬高程度也小；而太阳下部边沿的光线则恰恰相反。由于上下部分光线的抬高程度不一样，这就使得太阳的垂直直径发生了缩短，这样，我们就看到变形的太阳了。变形的太阳在沿海较易见到，而在大陆地带则不易见到，这是因为大陆地带的大气上下对流较严重，不容易形成折射率各不相同的气流层。

107.为什么月亮落在了诗人手捧的水中？

掬水月在手，弄花香满衣。

——（唐）于良史《春山夜月》

【译文】

捧起清澄明澈的泉水，泉水照见月影，好像那一轮明月在自己的手里一般。摆弄山花，浓香之气溢满衣衫。

诗人的这句诗表面看上去是说月亮被捧在了手里，但如果你看过猴子捞月的故事，就知道这是不可能的。

从物理学的角度来说，只是月亮的虚像落在了诗人手捧的水中。那么，月亮的像是如何显现出来的呢，又是如何被我们看见的呢？要想回答这个问题，就必须先弄清楚漫反射和镜面反射这两个概念。我们知道，光线是沿着直线传播的，当它射到物体表面上时会发生反射。如果反射表面是粗糙不平的，那么反射光线会毫无规则地射向四面八方，这种反射叫漫反射；由于漫反射是毫无规则的，所以很难在眼睛中形成交集。如果反射表面是光滑的，那么此时的反射光线会变得非常有规则，这种反射叫作镜面反射；由于镜面反射光线是有规则地射向四处的，所以很容易在眼睛中形成交集。

水面其实就好比一面非常平滑的玻璃，所以，发生在它表面的反射绝大部分是镜面反射。如图，假如某个人站在镜子前，当从他头顶A处发出的无数光线射向镜子时，由于镜面反射，反射光线很容易在眼睛E处形成交集，从而引起眼睛视觉反应。由于人的眼睛是根据光的直线传播来判定物体位置的，所以，在人眼看来，头顶A就在镜子后的A′处形成了一个点像。同样的道理，从脚底B处及身体其他部位发出的光线，经镜面反射后，同样在镜子后面形成一个个点像。所有的点像组合在一块，最终就形成了物体（在这里是人）整体的像。同理，这也说明了月亮的像显现出来的原因。

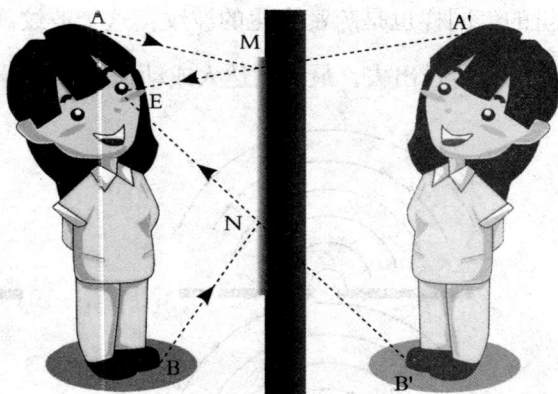

镜子成像原理

108.为什么鹊声能够穿过枝叶？

花气袭人知骤暖，鹊声穿树喜新晴。

——（宋）陆游《村居书喜》

【译文】

花香袭来，人们知道天气变暖了；喜鹊的叫声穿过树枝，人们知道天放晴了。

诗句中的"鹊声"是喜鹊的鸣膜振动发出的，当这个振动出现在空气中时，会带动周围的空气跟着振动。空气一会儿被压缩，变得"稠密"；一会儿被膨胀，变得"稀疏"；就是在这时密时疏的变化中，空气中形成一系列带能量的、同样也是疏密变化的波纹，这个波纹就是声波。声波向前行进，将振动的能量传送出去，最终到达人或动物的听觉器官（耳朵）。

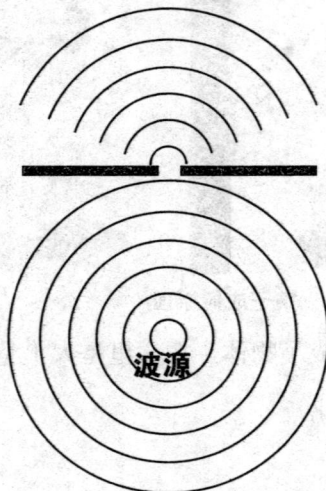

小孔尺寸小，衍射明显，在孔边缘四周向外的地方也能观察到明显的波动。

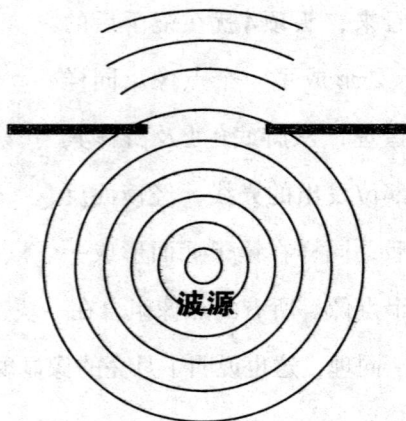

小孔尺寸大，衍射不明显，只能在直进的方向上观察到明显的波动。

应当注意的是，声波前进的过程是相邻空气粒子之间的"接力赛"，它们以波动形式向前传递，但它们自己仍旧在原地振荡。也就是说空气粒子并不跟着声波前进，声波传递的只是能量。

"穿树"说明了声音可绕过树的枝叶让人们听到，这种现象叫作波的衍射。衍射又称为绕射，是波在传播过程中经过障碍物边缘或孔隙时所发生的传播方向弯曲现象。声音为什么会有这种神奇的本领呢？不少科学家做出了解释，其中荷兰科学家惠更斯的解释最为人们所接受。

惠更斯认为：声音是一种波，而波的传播过程其实是子波不断衍生出新的子波的过程。具体来说，从波源发出的波经过同一传播时间后，到达的各点能组成一个面，这个面叫作波面。波面上的各点可以看作是新的波源，叫作子波源。从这些子波源发出的子波又能形成一个新的波面，如此循环往复。

以枝叶的空隙为例，当声波传播到障碍物（枝叶）的空隙前时，相当于在空隙处生成一个新的波源，这个波源就是子波源。子波源继续振动，于是声波继续向前传播。从能量的观点来说，波传播的是振动的形式和能量，在波动中，波源的振动是通过介质中的粒子依次传播出去的，因此每个粒子都可以看作是新的波源。这样，只要能量能到达障碍物后方，波的振动形式就会继续存在。也就是说，衍射的实质是波振动的形式和能量传递到障碍物后方的阴影区域中。

不过，如果空隙宽了，衍射现象就会不明显。这是因为小孔宽了，由孔边缘的点向边缘外四周辐射的能量相比直行的波的能量小，所以说不明显。但不明显不表示没有，其实，所有的波都会发生衍射，声波只是其中一种。而且孔隙越小，波长越大，这种现象就越显著。

109.为什么说声音在夜间传得远?

姑苏城外寒山寺,夜半钟声到客船。

——(唐)张继《枫桥夜泊》

【译文】

诗人夜晚住宿在枫桥的船上,夜深之时,忽然听到远远地传来了姑苏城外寒山寺的敲钟声。

从张继的"枫桥夜泊"到现在已有1200多年了,在这段漫长岁月中,科学的发展证实张继的诗句非常符合科学道理:夜间,人们更容易听到来自远方的声音(钟声)。为什么会这样呢?

首先,让我们来看看声音传播的最佳条件吧。一般来说,在平静的空气中,在很少杂音、很少楼房等建筑物阻碍的环境中,声波能行走得更加顺畅,能量更加集中。这就是声音传播的最佳条件。夜间是比较接近最佳声音传播条件的一个时间段,因为此时人的活动减少了,交通工具也减少了,因此,声音在传播途中因障碍物造成的反射也随之减少,这样,声音就能较清晰地传到较远的地方去。另外,在夜间,我们的耳朵不再受杂音的干扰,注意力相对集中,因此,声音也变得清晰起来。白天因各种杂音干扰而难以听见的声音,到了晚上,随着杂音的消失,这些声音就都能够听得见了。这是第一个原因。

第二个原因是因为声音跳跃。科学家研究表明,声音喜欢在温度低的地方走。

白天,太阳把地面晒热了,接近地面的空气温度远比空中的高。钟声发出以后,走不多远就往上拐到温度较低的上空去。因此,在一定距离以外的地面上,人们听不见或者听不清楚钟声。到了夜晚,情形刚好相反,接近地面的温度比空中要低，钟声传出以后，就顺着温度较低的地面推进，于是人们在很远以外也能清晰地听到钟声。

因而，在寒冷的天气，尤其在结了冰的湖面或未结冰的水面上，即使在白天，由于地面温度低，声音向地面折射的效果也十分明显。"月落乌啼霜满天"，在诗里张继写的是晚秋天气，不仅是夜半钟声，而且是晚秋天气的夜半钟声，不就格外清晰了吗？可见诗人观察得多么仔细。

110.为什么鸟儿能发出不同的鸣叫声？

春眠不觉晓，处处闻啼鸟。

——（唐）孟浩然《春晓》

[译文]

春天夜短，睡着后不知不觉中天已亮了，到处是鸟雀的啼鸣声。

孟浩然巧妙地抓住春晨到处鸟鸣雀躁的音响特征，渲染出一种春意醉人的意境，烘托了春晨中一片盎然的生机。那么，你可知道鸟儿是如何鸣唱的吗？

其实，鸟儿的"嗓门"结构与人类有点类似，都是靠振动声带发出声音。不过，鸟儿的发声器管叫作鸣管，位于气管与支气管交界处，由若干个扩大的软骨环及其间的薄膜——鸣膜组成。通过气管内冲出的空气，使鸣膜等产生振动，最终发出声音。某些鸟类的气管两侧附有特殊的肌肉，称为鸣肌，可以控制鸣管的伸缩，从而调节进入鸣管的空气量和鸣膜的紧张度，改变其鸣叫声。不同种类的鸟，鸣肌数目及功能并不相同。非鸣禽类，如鸵鸟、兀鹰的鸣管简单；鹑鸡虽然具有完整的鸣管，但是缺乏鸣肌，因而不能调节啼鸣。鸣禽类，如画眉、百灵、黄莺、相思鸟、金丝鸟等则有四对或五对鸣肌调节鸣膜的紧张度，因而能发出宛转悦耳的啼鸣声。

对于同样能发出悦耳啼鸣声的鸣禽，不同的种类，其发出的音调高低是不同的。这又是什么原因呢？听过箫笛演奏的人都知道，长箫发出的声音比较低沉、柔缓，而短笛发出的声音却很尖锐、急促，这跟演奏乐器的长短和形状有关。同样的道理，不同鸟儿发出不同音调也跟鸟儿鸣管的长短、嘴巴的形状有关。小巧的黄鹂和麻雀的"鸣管"都很短，尖尖的小嘴巴能发出清脆、悦耳的声音；而长脖子、扁平嘴巴的大雁唱起歌来却音韵悠长、低回……人们还可以修剪八哥的舌头，训练它来模仿人的声音呢。

111. 为什么刚下雪的时候非常安静？

孤舟蓑笠翁，独钓寒江雪。

——（唐）柳宗元《江雪》

【译文】

孤单的小船上有位渔翁，身披蓑衣，头戴斗笠，独自在大雪纷飞的江面上垂钓。

柳宗元的这首诗借雪景，意在描绘一幅幽僻清冷的画面。其实，雪确实具有降噪的本领。

冬天，在刚下过一场大雪之后，人们会感到外面非常寂静，就好像世界突然从喧嚣中安静下来了一样。等到人们在雪地中活动、踩破雪地时，这个喧嚣又重新恢复了。

这是怎么回事？为什么刚下雪的时候非常安静，而等雪被踩破的时候就又变得喧嚣了呢？原来，刚下过的雪是新鲜蓬松的，它的表面层有许多小气孔。

当外界的声波传入这些小气孔时便要发生反射。由于气孔往往是内部大而口径小，所以，仅有少部分的声波能通过口径反射回来，而大部分的声波则被吸收掉，从而导致自然界的大部分声音均被这个表面层吸收，因而出现了万籁俱寂的场面。而等雪被人踩过之后，情况就大不相同了。原本新鲜蓬松的雪被压实，或者改变了内部大而口径小的结构，声波不能再被有效吸收，大部分仍被反射回来，因而自然界又恢复了往日的喧嚣。

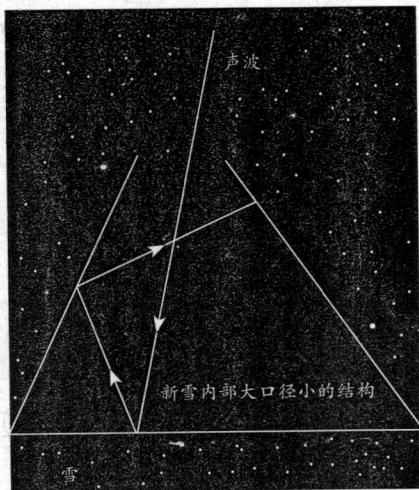

新雪具有内部大、口径小的结构，这使得声波进入新雪内部后不易反射出来，也就是声波被大量吸收。

新鲜蓬松的雪实际上就是一种吸音材料，因为它有一种阻止声波向外反射的结构。在日常生产中，人们制造了更多类似的吸音材料，像地毯、布帘、普通吸声方砖、玻璃纤维等，它们的材质都是纤维，这些纤维中含有大量的小孔，这些小孔会对声波进行多次反射，每一次反射就会消耗掉一部分声音。

112.为什么积雪能发出各种声音？

窗外正风雪，拥炉开酒缸。

——（唐）杜牧《独酌》

【译文】

窗外风雪正急，围着炉子打开酒缸准备喝酒取暖。

杜牧所描写的风雪场景一定将你带入了一片雪的世界，让你想起了坐着雪橇在雪原上驰骋，聆听下面滑板时强时弱的"沙沙"声响的有趣画面？还是在严寒无风的日子里，积雪在你脚下"咔嚓咔嚓"作响的情景？

气流在积雪表面上经过的时候，也能发出响声。风在密度较大的积雪外壳上，时而挟带雪粒，时而追逐雪粒，发出特别的声音，有时像野狼嚎叫，有时像婴儿哭泣；在有风暴的时候，既有雪粒互相摩擦撞击的"嚓嚓"声，也有雪粒摩擦起电而引起的火花爆闪的"噼啪"声，还有雪粒沉积下落时的"簌簌"声。

积雪上发出各种声音的原因，与雪粒间发生摩擦而引起的变化以及雪上有压力时雪粒重新分布有关，无论是摩擦，还是压迫，这些都能使雪粒振动，从而产生声音。

有趣的是，积雪上的"咔嚓"声，常因踩在雪上的轻重程度不同而不同。细心的人，能够根据音响的不同，分辨出雪地上的行人是老人还是小孩，是壮年男子还是年轻姑娘。"咔嚓"声的音色有时随着空气温度的变化而有所变化。一般在温度低于-2℃时，人们就能清晰地听到这种声音。温度越低，音色越清脆明快。有经验的人，可以根据音色的不同来判断当时的气温，误差一般能在±2℃左右。

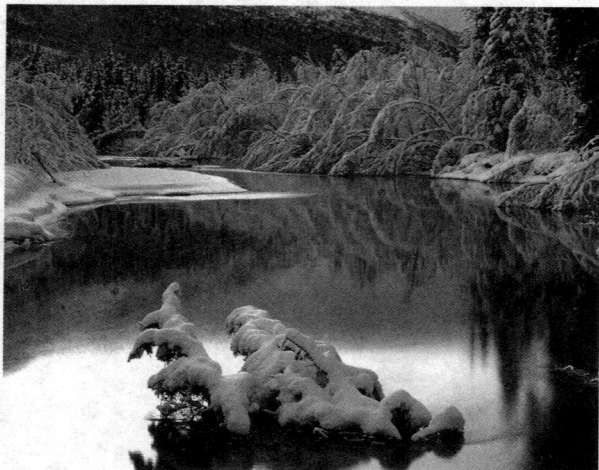

雪花落到水面的时候，会产生一种频率在5万赫兹到20万赫兹之间的高频声波。

值得一提的是，生活的经验告诉我们，雪花落水静悄悄的，毫无声响。不过，要是借助先进探测工具探测一下的话，雪花落水也是有声音的，它产生的声波频率在5万赫兹到20万赫兹之间，属于高频声波，人耳是听不到，但海里的鲸鱼却能听得到。

雪花落水的声音是由雪花与水面撞击产出的吗？很多人都会认为"是"，但答案是错误的，雪花落水声并不由雪花与水面撞击产生，而是由雪花内气泡振动产生。尽管雪花中含有90%以上的水，空气不多，但仍然存在很多微小气泡。这些小气泡在不断地收缩、膨胀、振动。在振动过程中发出声音，如果气泡体积稍大的话，就能产生低频声波，如雨滴；如果体积很小，就能产生高频声波，如雪花。

113.为什么古时候士兵要头枕箭筒睡觉?

燕兵夜娖银胡䩡，汉箭朝飞金仆姑。

—— （宋）辛弃疾《鹧鸪天·有客慨然谈功名》

【译文】

金兵夜里睡觉都枕着箭筒，义军一早就用箭射杀金兵。

辛弃疾"汉箭朝飞"写出了南宋义军军容之盛，而"夜娖银胡䩡"则写出了战况的紧急。其实，金兵枕着箭筒睡觉不只是说明了战况紧急，从物理学的角度来解释，这里有着很科学的道理。

为什么他们要这么做呢？很多人在了解声音在不同介质中的速度差别后，往往会简单地认为：因为士兵们头枕箭筒，靠大地传播声音，这样能比靠空气传播更快地了解前方敌军的动静。

其实，并不仅仅如此。确实，声音在大地中比在空气中传播要快得多，在空气中的声速约为340米/秒，而在大地中的传播速度在1000米/秒以上。但是，夜间马队行军的马蹄声距离2000米时，人耳就能从空气中听到，这样从大地中得知敌方军队的行军动静比从空气中传播不过快几秒种的时间，这显然并不是

一些弹性媒质中的声速

介质	温度（摄氏度）	声速（米/秒）
空气	0	331
氢	0	1270
水	20	1400
冰	0	5100
黄铜	20	3500
玻璃	0	5500
花岗岩	0	3950
铝	20	5100

声音在不同的介质中，传播速度是不相同的。

士兵们头枕箭筒睡觉的主要原因。

头枕箭筒能更多地收集声波才是士兵们头枕箭筒睡觉的重要原因。这里涉及到箭筒的材料构造——古代的箭筒通常是用皮革制成的，干燥后非常坚硬、结实；箭筒一端封闭，另一端开放，将箭筒开放的一端对着前方放在地上，就能够起到很好的收集声波的作用，就像人的耳廓收集声音一样。实验表明：同一个声源在同一个地方发出声音，在距离声源适当的一个位置，枕在箭筒上比直接从空气中听到的声音要大很多，这是因为声波在空气中会很发散，而箭筒却可以相对集中地将声波收集到一处，使声音更加响亮、清晰。

总之，不论出于哪种原因，最终的目的只有一个，就是更快、更清晰地收集信息。在战场上速度就是生命。

114. 为什么琵琶有"中空"的肚子？

转轴拨弦三两声，未成曲调先有情。

——（唐）白居易《琵琶行》

【译文】

转紧琴轴拨动琴弦试弹了几声，尚未成曲调，那形态就非常有情。

白居易这首《琵琶行》写出了琵琶女高超的技艺和悲惨的身世。你可知道，琵琶之所以能够弹出精妙的音律和它的结构是分不开的，不只是琵琶，还有吉他、扬琴、二胡、提琴、钢琴，所有的弦乐器无一例外地都有一个中空的"肚子"，这个中空的"肚子"就是共鸣箱。

通常，人们以为弦乐器的共鸣箱是利用箱体中的空气柱与琴弦的共振来增加乐器发声的。事实上，这种说法并不准确。因为共鸣箱里空气柱的形状、体积和密度是一定的，因而其固有频率也一定，琴弦要与空气柱发生共振，弦的振动频率必须特别接近、或等于空气柱的固有频率。而琴弦振动的频率是由弦的长短、弦内的张力、拔弦时策动力的频率等因素共同决定的，可能出现多种频率；换句话说，乐器发出的声音，不是某个固定的频率，而是在某段频率范围内变化的，所以，空气柱的固有频率不可能总跟琴弦振动的频率相等，因而共振无从谈起。当然，这并不代表不可能出现空气柱的固有频率与琴弦的振动频率有时会相等或相接近，从而产生共振的情况。

琵琶

但弦乐器共鸣箱的主要作用显然并不在此，它的主要作用是增大乐器的辐射面积，提高声能的辐射效率。因为众所周知，弦乐器的琴弦一般都很细，断面很小，它们的振动不足以使周围空气强烈振动起来，也就是其向周围空气辐射的声音都很弱，很难将美妙的乐音直接送入人耳。为了增强声音的辐射，将琴弦隔着木板扣在中空的"肚子"上不失为一个好方法。因为当琴弦振动起来时，离弦非常近的"肚子"会随之做受迫振动，从而增大了发声体辐射面的面积，提高了向周围空气辐射声能的效率。

如此看来，弦乐器的共鸣箱有共鸣的作用，但并不是主要的作用，所以从这个角度来说，把它叫作"共鸣箱"似乎不太准确！

115.为什么我们听到的钟声并不总是一致的？

万籁此俱寂，但余钟磬音。

——（唐）常建《题破山寺后禅院》

〔译文〕

大自然的一切声音此时都静寂了，只有钟磬的声音在空中回荡。

钟声是由钟发出的，钟被敲击后便会振动，振动便产生了声音。因为钟内部有不同的结构，再加上声音在介质中传播时会遇到不同情况，所以钟声并不总是一致的，有时候高，有时候低，有时候听得清晰，有时候又听得模糊。

经常听敲钟的人都知道，钟声总是有高有低的。这个高低指的是音调的高低，而不是声响的高低。

钟的音调之所以会有高有低，是因为钟的内部具有不同的结构。从外表上看，一口钟的开口部位、腰部部位和顶部部位，其钟壁的厚度可能不一样，或者开口厚、腰部薄、顶部厚，或者开口薄、腰部厚、顶部厚，又或者开口厚、腰部厚、顶部薄，总之有多种可能。当用钟锤敲击钟的不同部位时，厚度不同的部位便会作出不同频率的振动，从而产生高低不同的声音。此外，敲击钟时的不同力度也会影响到音调的高低，如轻敲时可能产生某一个频率的钟声，而重敲时又会产生另一个频率的钟声。

对于不同的钟来说，音调高低的区别更加明显。这除了跟钟的不同形状和厚度有关外，还跟钟的不同成分比例有关。如著名的我国明朝永乐大钟，它的成分是含铜80.5%、锡16.4%、铅1.12%及少量其他元素，这是一个相对合理的合金比例，它保证了大钟的声音可以在一个较大的频率范围内变化，既能产生较高亢的钟声，又能产生较低沉的钟声。而其他成分比例不合理的钟，音调的变化范围可能就相对狭窄。

116.为什么人们总是先看到闪电后听到雷声?

莫道无心畏雷电，海龙王处也横行。

——（唐）皮日休《咏蟹》

〔译文〕

说它有心肠会害怕雷电，其实在大海龙王那里它也是横行无忌。

人们很早就已经见识到了大气现象——雷电。当天空乌云密布，雷雨云迅猛发展时，突然一道夺目的闪光划破长空，接着传来震耳欲聋的巨响，这就是闪电和打雷，亦称为雷电。雷属于大气声学现象，是大气中小区域强烈爆炸产生的冲击波形成的声波，而闪电则是大气中发生的火花放电现象。

如果我们在两根电极之间加很高的电压，并把它们慢慢地靠近，当两根电极靠近到一定的距离时，在它们之间就会出现电火花，这就是所谓"弧光放

雷电是由雷雨云所产生的正负电荷相互作用而产生的。

电"现象。雷雨云所产生的闪电，与上面所说的弧光放电非常相似，只不过闪电是转瞬即逝，而电极之间的火花却可以长时间存在。因为在两根电极之间的

高电压可以人为地维持很久，而雷雨云中的电荷经放电后很难马上补充。当聚集的电荷达到一定的数量时，在云内不同部位之间或者云与地面之间就形成了很强的电场。在狭小范围内，电场强度平均可以达到几千伏特，局部区域可以高达1万伏特。这么强的电场，足以把云内外的大气层击穿，于是在云与地面之间或者在云的不同部位之间以及不同云块之间激发出耀眼的闪光。这就是人们常说的闪电。

电击使得闪电通路中的空气突然剧烈增热，使它的温度高达15000～20000℃，因而造成空气急剧膨胀，通道附近的气压可增至一百个大气压以上。紧接着，又发生迅速冷却，空气很快收缩，压力减低。这一骤胀骤缩都发生在千分之几秒的短暂时间内，所以在闪电爆发的一刹那间，会产生冲击波。冲击波以5000米/秒的速度向四面八方传播，在传播过程中，它的能量很快衰减，而波长则逐渐增长。在闪电发生后0.1～0.3秒，冲击波就演变成声波，成了我们听见的雷声。这就是人们总是先看到闪电然后才听到雷声的原因。

其实，闪电和雷声是同时发生的，只是它们在大气中传播的速度相差很大——光每秒能走30万千米，而声音只能走340米。根据这个现象，我们可以从看到闪电起到听到雷声止这一段时间的长短，来计算闪电发生处与我们的距离。假如闪电在西北方，隔10秒听到了雷声，说明这块雷雨距离我们约有3400米远。

117.为什么我们不能像鱼一样分辨水面上的情况?

路人借问遥招手，怕得鱼惊不应人。

——（唐）胡令能《小儿垂钓》

【译文】

过路的人向小孩打听道路，小孩远远地向他摆手，恐怕把水中的鱼惊跑了。

诗人这句非常有生活情趣的诗句叙述了鱼儿能灵敏地感受到从地面上传到水中的声音而躲开，但是，假如一个人潜伏在水中的话，他是很难听到水面上的声音的，你知道这是什么原因吗？

原因有两个：一是因为当声波从一种介质中传到另一种介质中时，在介质之间的分界面上会发生反射，介质之间的密度相差越大，反射现象就越明显。空气与水交接的界面密度差较大，所以当空气中的声波传播到水面上时，大部分被反射回空气，因而水中的人很难听到水面上的声音，即便听到了，那也是不清晰的。

另一个原因是，人是因为耳朵接收到声源体传来的振动而听到声音的，水面上的声音要想传到水下，需要带动水分子的振动；而在任何机械振动系统中，都会有一种阻碍振动物体相对运动、并把运动能量转化成其他能量的作用，这种作用叫作阻尼。水的阻尼比空气要大，因而声波带动水分子的振动就比在空气中要费力一些，也就是能量消耗要大一些。能量消耗越大，声波传播的有效距离就越小，小到我们潜伏到水下没多深就已经听不到上边的声音了。

此外，如果在陆地上，人们很容易就能根据听到的声音辨别出声源体的方向，至少大致方向不会错，但是在水中，假如人能听到声音的话，是很难辨别出声源体的方向的。

这是因为，声音在水中的传播速度比在空气中要快得多。人长期生活在空气中，大脑能很容易辨别出两只耳朵听到声音的差别，根据这个差别就能确定声源体的方位。而到了水中，因为声音传播的速度变快了，大脑还在根据在空气中辨别声音差别的经验来辨别水中的声音，而这在极短的时间内是不能实现的，因而分辨不出声音来自哪里，好像来自东西南北都是有可能的。而鱼就完全能够适应水中的情况，做出反应，这其实是一个生理进化和适应的结果。

118.为什么海水不容易结冰？

欲渡黄河冰塞川，将登太行雪满山。

——（唐）李白《行路难·其一》

【译文】

想要渡过黄河却遇到了冰塞黄河，将要登太行山却碰见了雪拥太行。

李白的诗句里描述了黄河冬季结冰的自然现象，但如果仔细想想，你会发现，海水好像不大容易结冰，这是为什么呢？原来，结冰的情况在海水中和在河湖等淡水中是不同的。由于海水含有盐分，所以无论是结冰温度还是最大密度温度都与淡水不一样，当然，海水与淡水的结冰过程也是不一样的。如果是淡水，当表面受冷时，密度加大，水温降到4℃时，由于表面水的密度达到最大，便开始往下沉，而下层水被迫上升，这样就产生了上、下对流作用。这种对流作用一直持续到上、下层的水温都达到4℃时为止。此后，表面温度继续下降，但表面的冷水不再往下沉，到了冰点就开始结冰。因此，淡水结冰往往局限于表层。这种情况就是黄河结冰的情况，即表层结冰。

而如果是海水结冰，可以分为两种情况：对于盐度小于24.7的海水，因为它的最大密度温度在冰点以上，所以当上、下层海水都冷却到最大密度温度以后，只要表面海水再冷却到冰点就可

海洋难以封冻对我们人类很有好处。海洋冬天不结冰使世界的气候比较湿润，易于生物的发展，再者海洋不结冰可以使我们的船只在冬天可以继续航行。

以结冰了。结冰过程与淡水的基本相同，只不过冰点温度比淡水低一点。

而对于盐度大于24.7的海水，结冰情况就与淡水大不相同了。由于它的最大密度温度在冰点以下，所以海水温度越低，密度就越大。因而，表面海水虽然冷却到了冰点，但表面海水的密度变大，还要下沉，仍不能结冰。只有上、下层海水都冷却到冰点以后，再继续冷却，海面才能结冰。由于大洋海水的盐度一般高于24.7，而且海洋一般都很深，因而海水不容易结冰。不过，这种海水一旦结冰，表层冰和深层冰的形成是同时开始的，有时深层冰和底层冰甚至比表层冰还要多，也就是说，海水是从上到下一起结冰的。

119. 为什么李白说"两岸青山相对出"？

两岸青山相对出，孤帆一片日边来。

——（唐）李白《望天门山》

【译文】

两岸的青山相对耸立，巍峨险峻，一叶孤舟从天地之间慢慢飘来。

李白的这句诗描写群峰夹岸"相对出"，即相对于帆船而出，这一现象用物理学的道理来解释，就是我们所说的相对运动：一个物体相对另一物体的位置随时间而改变，则此物体对另一物体发生了运动，此物体处于相对运动的状态。如果相互之间的位置并不随时间而改变，则此物体即在相对静止状态之中。因此，静止与运动两者是相对的，与物体相对于选定的参照物有关。比如，一栋楼房或一棵树对地球来说，它们是静止的；但对太阳来说，它们却都在运动着。所以，在描述物体是否运动时，观察者必须选择一个参照物，然后根据所选定的参照物来确定物体是否运动。

古老的中国式帆船

中帆

中大桅（主桅）

后桅

头桅

舵

桨

多爪锚

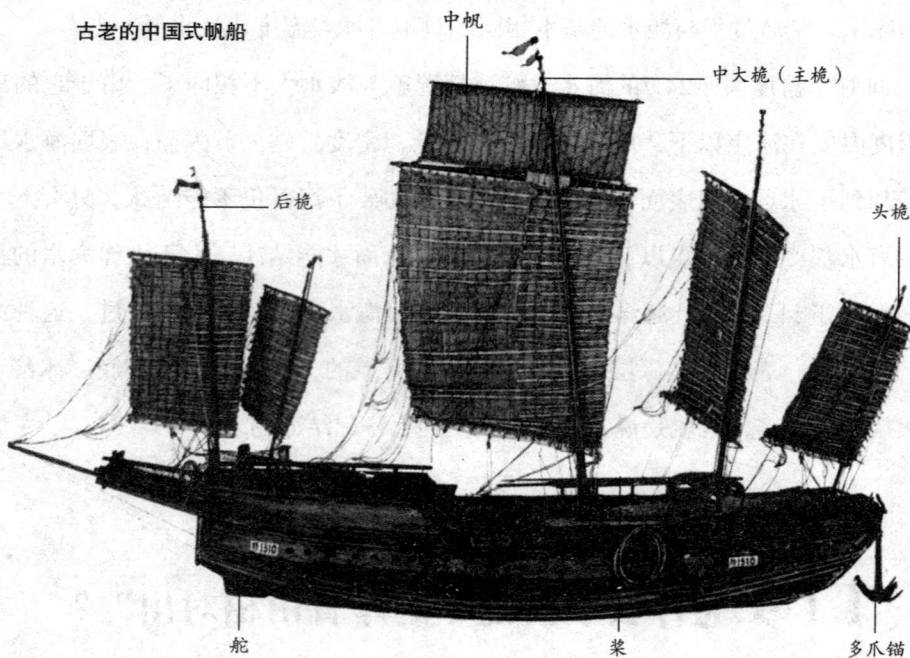

　　李白当时舟行江中溯流而上，远望天门山，以帆船作为参照物，可以认为江岸是在与帆船运行相反的方向运动。产生一种山动船不动，两岸青山由远及近排队而来的错觉。随着帆船的行进，它们从远处走来，又从船旁徐徐向后退去，似乎忙于列队迎候客人。看来，当参照物不同时，我们印象中静止的山变成了动态的生命，这说明，宇宙中没有不动的物体，一切物体都在不停地运动，只不过，运动是绝对的，而静止是相对的。

120.为什么帆船能够逆风前进?

穷冬急风水，逆浪开帆难。

——（唐）杜甫《别董颋》

[译文]

深冬风疾浪高，逆水行舟难。

杜甫这句诗是描写在深冬逆风行舟的困难。在没有发动机的年代，我们很难想象帆船怎样能够逆着风前进的。船夫的确会告诉你们，正顶着风驾驶帆船是不可能的，帆船只能在跟风的方向成锐角的时候前进。可是这个锐角很小——大约只有直角的1／4，大约是22°——不管是正顶着风或者成22°的角度，看来是同样难以理解的。

可是实际上，这两种情形不是没有区别的。我们现在来说明帆船是怎样跟风向成小角度逆着风前进的。首先，让我们看风一般是怎样对船帆起作用的，也就是说，当风吹在帆上的时候，它把帆往哪里推。无论风向哪里吹，它总产生一个垂直帆面的力，这个力推动着船帆。且让我们假定风向就是图1中箭头所指的方向，AB线代表帆。因为风力是平均分布在全部帆面上的，所以我们可以用R来代表风的压力，它作用在帆的中心。把这力分解成两个：跟帆面垂直的力Q和跟帆面平行的力P（图右）。力P不能推动帆，因为风跟帆的摩擦力太小了。剩下的力Q依着垂直帆面的方向推动着帆。

懂得了这点，就容易懂得为什么帆船能够在跟风向成锐角的情况下前进了。让我们用K′线（图2）代表船的龙骨线。风按箭头所表示的方向成锐角吹

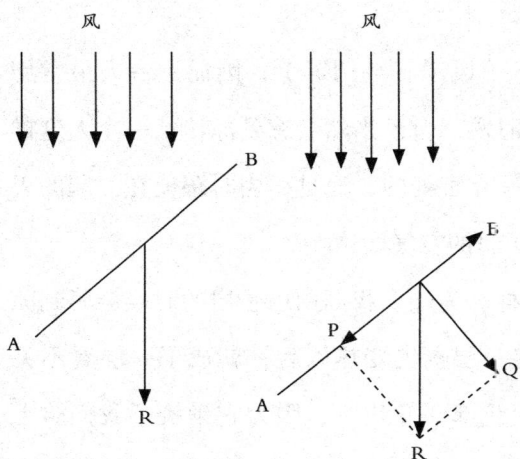

图1

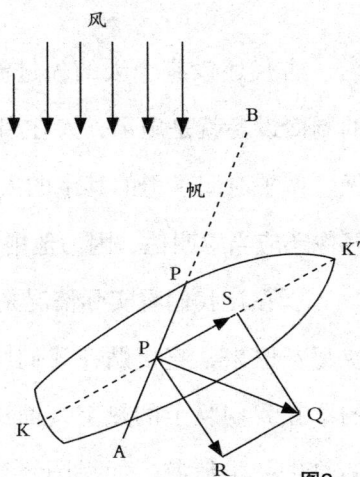

图2

向这条线。AB线代表帆面，我们把帆转到这样的位置，使帆面刚好处于平分龙骨的方向和风的方向之间的那个角。现在看图2里的力的分解：风对帆的压力，我们用力Q来表示，这个力，我们知道应当是跟帆面垂直的。把这个力分解成两个力：使力R垂直龙骨线，力S顺着龙骨线指向前面。因为船朝力R的方向运动的时候，是要遇到水的强大阻力的（帆船的龙骨在水里很深），所以力R几乎全部被抵消了。剩下的只是指向前面的力S在推动船，因而，船是跟风向成着一个角度在前进，这在逆风里情况一样。这种运动通常总采取"之"字形路线，船夫们把这种行船法叫作"抢风行船法"。

121.为什么扇扇子能够使我们感到凉快？

盛夏不销雪，终年无尽风。

——（唐）白居易《白羽扇》

【译文】

就好像盛夏里不化的白雪，一年到头都有风。

古代还没有今天的先进制冷设备（风扇、空调等），因而，古人最常用的制冷设备就是扇子，人在扇扇子的时候，自己当然会感到凉快。一个人这样做，似乎对屋子里的其余的人是没有一点害处的，而且，当时跟他在一起的人好像还应当感谢他，因为他扇凉了屋子里的空气。

现在让我们看实际情况是不是这样。为什么我们用扇子扇的时候会感到凉快呢？原来，直接贴在我们脸上的那一层空气变热以后，就成了一层看不见的罩在我们脸上的热空气面罩，它使脸部"发热"，因为它延缓了我们脸上的热进一步消散。如果围绕着我们的空气不流动，那贴在我们脸上的这层热空气只能十分缓慢地、被比较重的没有变热的空气挤向上面去。当我们用扇子扇走热空气层的时候，我们的脸部就能总是跟一份没有变热的新空气接触着，不断地把自己的热传给它们。因而，我们身体上的热总是在消散，所以我们觉得凉快。

可见，人扇着扇子的时候，他是不断地在从自己的脸部赶走热空气，用没有变热的空气来代替它。等到不热的空气又变热了的时候，另外一份不热的空气又来代替它了……

看到这里，你应该明白了，扇子能加速空气的流动，使整个屋子里的空气温度很快地变得到处一样。可见扇着扇子的人是在用着别人周围的凉空气，使自己感到舒服。

122.走马灯为什么能"自行"转动？

纷纷铁马小回旋，幻出曹公大战年。

——（宋）姜夔《感赋诗》

【译义】

走马灯上的铁马一圈圈地走动，幻化出了曹操当时大战的情景。

"走马灯"，顾名思义，它是一盏灯，这种灯具一般都是用来装饰的，也能照明。走马灯可是古代灯会上不可缺少的"名角"，很是吸引人。那么，你知道，为什么这么漂亮的灯具却有一个如此奇怪的名字吗？

这是因为，假如在圆筒中间点上一支蜡烛或点亮一盏电灯，圆筒就会渐渐转动起来，而且越转越快。由于最初的圆筒上画着疾驰如飞的马匹图案，因此圆筒一旦迅速地转动就会给人以马匹奔驰的感觉，所以才称其为"走马灯"。

上海豫园走马灯

那么，走马灯为什么能"自行"转动呢？其实，它们是在蜡烛点燃后或是电灯点亮后才转动起来，因为蜡烛点燃后或灯亮了以后，首先会加热圆筒内部的空气，而被加热的空气体积膨胀，密度减小，就会从圆筒上端徐徐上升。

上端的风车就会被这股上升的气流带动着转动起来，圆筒也就会跟着转动。圆筒内部的热空气向上升起后，外面的冷空气就从下端补充进来。就这样循环往复，只要蜡烛或灯不熄灭，走马灯就会不停地转动。这便是它们能"自行"转动的奥秘所在。

123.为什么衣结能打得牢固？

衣带渐宽终不悔，为伊消得人憔悴。

——（宋）柳永《蝶恋花》

【译文】

由于思念，变得消瘦与憔悴，衣服变得越来越宽松，也不后悔。

古时候的人穿的衣服与我们今天所使用的钮扣不同，他们都是自己缝制的钮扣，或者是用衣带打成的结。今天，我们在日常生活中，依然受益于钮扣或者打结。

可你有没有想过，譬如打结。我们不就是把一条绳索的一端当作桩子，而让这根绳的其余部分缚在上面吗？各种各样的结——普通结、水手结、钮带结、蝴蝶结等之所以能打得牢，究竟是因为什么呢？原来，这都是摩擦力的功劳。由于绳索围着自己缠绕着，与绳索围着支架缠绕的道理一样，所以摩擦力增大了许多倍。研究一下结里的许多曲折，就不难发现这一点。曲折越多，或是绳子围着自己缠绕的圈数越多，它的绕转角就越大，结也打得越牢。

缝衣工人钉钮扣，也常常在不知不觉中使用的这个方法。他把线头绕许多转，然后把线扯断。这样，只要线是坚韧的，钮扣就不会掉下来。这里所利用的还是我们已经知道的那条规律：线的圈数照算术级数加多的时候，钮扣的牢固程度就照几何级数增长。

如此看来，如果没有摩擦力，我们甚至连钮扣都没法使用，因为线在钮扣的重力下会自己松开，使钮扣脱落。

124.车轮为什么都是圆形的?

夜来城外一尺雪，晓驾炭车辗冰辙。

——（唐）白居易《卖炭翁》

译文

夜里城外下了一尺厚的大雪，清晨，老翁驾着炭车碾轧冰往市集的方向去。

马车是古代最常用的陆上交通工具。而我们知道，马车的轮子是圆形的，这是为什么呢？今天，人类所用的所有车辆、飞机都比马车更快、更先进，可是轮子依旧都离不开圆形。为什么人们选择用圆形来作轮子的形状呢？有人也许会张口便答："这个问题还不简单，因为圆的轮子才能够不断地向前滚动啊！方的、长的或是三角形的轮子根本就滚动不了，不是吗？"

这话没有错，事实也是如此，但为什么只有圆可以滚动，圆有什么重要的

性质呢？原来，圆上任何一点到圆心的距离都是相等的。人们把这个相等的距离，叫作半径。当我们把车轮做成圆形，车轴安在圆心上时，车轮在地面滚动后，车轴离开地面的距离，一直保持为车轮半径。因此，车厢里坐的人，能够很平稳地被车子拉着走。假设车轮子变了形，轮缘这里凸出来，那里凹下去，也就是说从轮缘到

圆圆的车轮

轮子圆心的距离都不相等，那么，这种车子走起来，不但滚动困难，还会把坐车人的颠散架的。

另外，车轮做成圆形时，才能够载着人或者货物在地上滚动，这要比在地面上拖着走省劲得多，原因是滚动摩擦阻力比滑动摩擦阻力小。

第六章　破译化学密码

DILIUZHANG　POYI HUAXUE MIMA

125.为什么爆竹会"噼啪"响?

爆竹声中一岁除,春风送暖入屠苏。

——(宋)王安石《元日》

【译文】

在爆竹的响声中,旧的一年过去了。人们喝着过节的屠苏酒,已经感到温暖的春风吹来了。

王安石的这首诗描写的是春节除旧迎新的景象。逢年过节燃放爆竹,这种习俗古已有之,一直延续到今天。我们知道,爆竹是利用火药产生爆炸的,而火药是我国古代四大发明之一,那么,火药是如何发明的呢,它的成分又是什么呢?

古人为求长生不老而炼制丹药,火药的发明正是始于古代道家的炼丹术。自秦汉以后,炼丹家用硫磺、硝石(硝酸钾)、木炭粉等物炼丹,但在炼丹过程中时常有爆炸发生。人们对这一现象进行研究,发现原来硝石、硫磺及木炭,三者按一定的比例混合加热后,发生激烈的化学反应,硫磺和木炭粉燃烧的速度很快,而硝石燃烧时会放出大量的氧气,不但加速了硫磺和木炭的燃烧,而且灼热的气体会发生膨胀,加之

燃爆竹

炼丹炉是一个密闭容器，就发生了伴有巨响的爆炸。在当时，硫磺、硝石都是治病的药材，所以取名"火药"，意思是"着火的药"。于是，火药就这样诞生了。

随着火药的发展，爆竹在12世纪的中国流行起来。1100年的一部文献记载了其"如雷鸣般的声响"——这说的其实就是鞭炮。鞭炮裹紧的纸筒中装有火药，还有一根用来点燃药粉的引信，引信引爆火药将纸筒炸开，发出爆炸声。

126. 为什么焰火能"开"出五颜六色的花？

火树银花合，星桥铁锁开。

——（唐）苏味道《正月十五夜》

【译文】

张灯结彩、大放焰火，城河望去有如天上的星河，由于游人众多，星河上的吊桥也打开了铁锁（即彻夜不关）。

火树就是指焰火，俗称烟花。它由上下两部分组成，下部装有类似火药的发射药剂，上部装填燃烧剂、助燃剂、发光剂及发色剂，发色剂在燃烧时显示各种各样的颜色。

人们点燃焰火后，发射药剂燃烧时能够发出大量的光和热，人们用它来把发光剂与发色剂引燃，使发光剂与发色剂向四面八方散开去，就形成了美丽的焰火。

发色剂也就是焰色反应的"主角"。焰火那缤纷的彩色，全依仗发色剂。发色剂并不神秘，其实就是些普普通通的化学药品——金属盐类。原来，许多金属盐类在高温下，能够射出各种彩色的光芒。例如，硝酸钠与碳酸氢钠会发出黄光，硝酸钡发出绿光，碳酸铜、硫酸铜发出蓝光，等等。这种现象，就是化学中的焰色反应（是某些金属或它们的化合物在无色火焰中灼烧时使火焰呈现特征颜色的反应）。每种金属盐类在高温下，都会射出自己固有的彩色光芒。不光是夺目的焰火用到这些奇妙的"染色剂"，人们还把它装在子弹、炮弹里，制成信号弹。在

制作焰火的人经过巧妙的排列，决定不同火药燃烧的先后次序。这样，烟火引燃后，便能在漆黑的天空中绽放出鲜艳夺目、五彩缤纷的图案。

迷途的大漠里，人们用信号弹问路、求救；在千钧一发的战场上，各种颜色的信号弹是整个军事行动的信号。

接着是发光剂，它是铝粉或者镁粉，这些金属的粉末能够猛烈燃烧到白炽状态，发出明亮、闪烁的光芒。焰火燃烧后半空中常常会飘落一些雪花般的白灰，那就是金属燃烧后生成的氧化铝或氧化镁白色粉末。

127.为什么能够用火焰的颜色判断温度？

洪炉烈火，洪焰翕赫；烟示及黔，焰不假碧。

——（唐）孙思邈《四言诗》

【译文】

炼丹的大炉子里烈焰熊熊，到烟发黑了，火焰就真的变成青绿色了。

人们很早就知道从燃烧火焰的颜色变化来观察温度的变化，炉火颜色在温度500℃以下呈暗黑色，升到700℃时，火焰变为紫红色，也就是俗称的"炉火通红"，再上升到800～900℃后，火焰由红变黄，1200℃时，火焰发亮，逐渐

变白，继续升到接近3000℃后，呈白热化，相当于灯泡钨丝发亮的温度，如果超过3000℃，火焰由白转蓝，这就是人们常说的"炉火纯青"了，这是燃烧温度的最高阶段。

一般来说，提高温度有利于绝大多数化学反应的加速进行，但是，过分提高温度是一种不经济实用的方法，如今，化学工业上，都是通过采用催化剂技术提高化学反应速率，而非单纯提高反应温度。古代的炼丹家们是不懂得催化剂化学原理的，往往认为火焰达到"炉火纯青"为火候到家，就能炼到长生不老的丹药，实际上，那时的耐火材料是很难达到这样高的使用温度，因此，无论炼丹家如何努力，"炉火纯青"最终只能是一厢情愿。（所以，后来人们用"炉火纯青"来比喻功夫技巧达到了纯熟完美的境界。）

今天，我们在化学实验中已经不仅仅限于通过焰色判断温度，还通过焰色来判断某种金属是否存在化合物——即焰色反应。

例如，当碱金属及其

常见的金属及其对应的焰色

元素符号	离子	元素名称	焰色
As	As^{3-}	砷	蓝
B	B^{3+}	硼	青绿
Ca	Ca^{2+}	钙	砖红
Cs	Cs^{+}	铯	浅紫
Fe（III）	Fe^{3+}	铁（III）	金黄
K	K^{+}	钾	浅紫
Li	Li^{+}	锂	深红
Mn（II）	Mn^{2+}	锰	黄绿
Mo	Mo^{+}	钼	黄绿
Na	Na^{+}	钠	金黄
P	P^{3-}	磷	青绿
Pb	Pb^{2+}	铅	绿
Se	Se^{2-}	硒	天蓝
Sr	Sr^{2+}	锶	深红
Te	Te^{2-}	碲	浅绿
Zn	Zn^{2+}	锌	蓝绿

盐在火焰上灼烧时，原子中的电子吸收了能量，从能量较低的轨道跃迁到能量较高的轨道，但处于能量较高轨道上的电子是不稳定的，很快跃迁回能量较低的轨道，这时就将多余的能量以光的形式放出。而放出的光的波长在可见光范围内（波长为400～760纳米），因而能使火焰呈现颜色。但由于碱金属的原子结构不同，电子跃迁时能量的变化就不相同，就发出不同波长的光，从焰色反应的实验里所看到的特殊焰色就是光谱谱线的颜色，每种元素的光谱都有一些特征谱线，发出特征的颜色而使火焰着色，根据焰色可以判断某种元素是否存在。如焰色洋红色含有锶元素，焰色玉绿色含有铜元素，焰色黄色含有钠元素等。其实，我们前面讲到的焰火也是受益于焰色反应，即人们在烟花中有意识地加入特定金属元素，使焰火更加绚丽多彩。

128.为什么掺进泥和水的煤会越烧越旺呢？

投泥泼水愈光明，烁玉流金见精悍。

——（宋）苏轼《石炭（并引）》

【译文】

往煤炭燃烧的炉火里投入泥或泼入水就会越烧越旺，温度升高，能将金石熔化。

苏轼的这句诗细腻地描绘了煤炭掺入泥和水越烧越旺的情形，那么，这其中有什么科学道理呢？为什么掺进泥和水的煤会越烧越旺呢？原来，燃烧干煤总有一部分煤粉被烟气流从烟囱、炉灶中吹走，而掺进泥和水后变成湿煤，使煤屑互相粘连，减少煤粉流失，增加了燃烧物质。

接下来是湿煤在100℃前为水分蒸发干燥阶段。在100～200℃时煤受到预

①史前沼泽

煤形成于3亿年前的沼泽地。枯死的树和其他植物倒在水里，被泥覆盖。

②泥炭

植物残骸埋于地下，长年累月慢慢变干，形成泥炭层。这是一种能从地下挖到的燃料。

③褐煤

泥炭层被盖住后因热量和压力变成了褐煤。这是一种能在露天煤矿开采到的燃料。

④黑煤

黑煤包括烟煤和无烟煤两种。地表下的高热和巨大的压力使埋藏于较深层的泥炭变成了较软的黑煤。

煤的形成及种类

　　煤主要是亿万年前植物的残骸，由于埋于地下深浅的不同，形成了泥炭、褐煤、烟煤及无烟煤等多种。

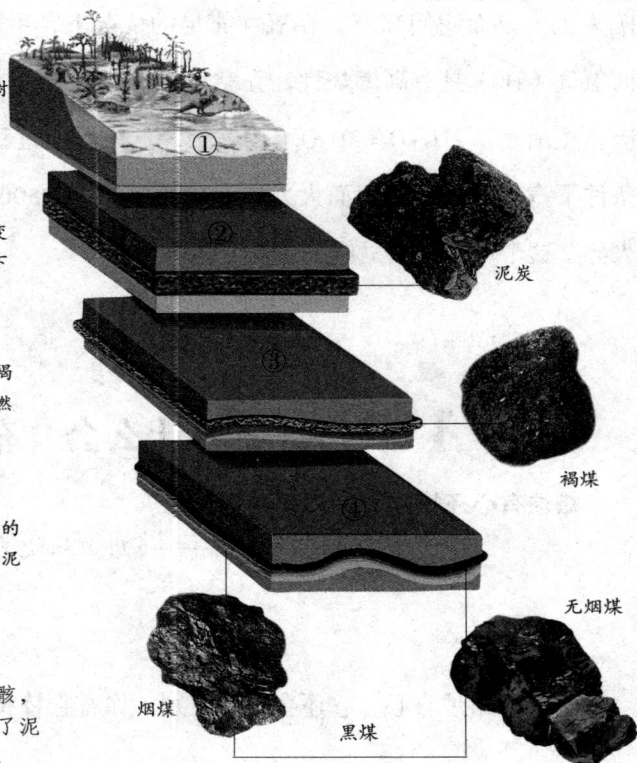

热，吸附在煤的气孔中和表面上的二氧化碳（CO_2）和甲烷（CH_4），逐渐析出，煤质不变。煤料温度升高到200℃以上时开始分解，不同变质程度的煤，开始分解温度不同，一般在200～400℃之间，分解产物主要是化合水、CO_2、CO和CH_4等气体及少量焦油蒸汽。

　　当温度升高到350～500℃继续分解，生成胶质体（烟煤热分解过程中生成的可塑液相物，通常是受热变化后的煤粒、热解产物聚集在一起形成的气、液、固三相共存的混合物），析出大量焦油蒸汽。胶质体中的气态产物不能自由析出，因此产生膨胀，对炉壁有一定的膨胀压力，并将固态颗粒粘结在一起。

　　如果这时，泼入少许水，水分受热后蒸发，促使煤体疏松，产生缝隙，空气可以源源不断地输入，煤就易于烧透，改变了胶质体中的气态产物不能自由析出的情况，这时，胶质体中的液态产物也逐渐分解，呈气态析出（以CH_4和

H_2为主）。而我们知道，在氧气充足的情况下，甲烷（CH_4）可以直接燃烧，而氢气（H_2）具有高燃烧性，在空气里燃烧，实际上是与空气里的氧气发生反应，生成水。$2H_2+O_2=2H_2O$（点燃），这一反应过程中有大量热放出，是相同条件下汽油的三倍，因而火力越来越旺盛（可达500~650℃）。看来，"水助火势"这个词用在这里似乎还挺恰当。

129.蜡烛为什么会"落泪"?

蜡烛有心还惜别，替人垂泪到天明。

——（唐）杜牧《赠别》

【译文】

案头的蜡烛有心，它还会依依惜别，你看它替我们流泪到天明。

古人很喜欢用蜡烛的"烛泪"比喻人的悲伤，杜牧的这句诗也不例外。那么，你可知道蜡烛为什么是固体的，固体的蜡烛又是如何"落泪"的? 蜡烛的主要成份石蜡，石蜡是矿物蜡的一种，它包含脂肪族碳氢化合物（指结构简单，饱和度不定的直链有机化合物，其链接方式是碳碳结合方式），或者仅由氢和碳组成的碳氢化合物。碳原子链接在一起，形成不同长度的碳链。

实践证明，不同长度的烃分子（完全由碳和氢组成的有机物质）的特性各不相同。例如，只有一个碳原子（CH_4）的链是最轻的链，我们称之为甲烷。甲烷是一种质量很轻的气体，可以像氢一

蜡烛原来是用动物的油脂或植物的蜡层制成，现今通常已改用石油副产品制成。

样漂浮在空气中。随着链变长，它们也将变得更重一些。从$C_{18}H_{32}$开始以上的链，在室温下均为液体，而C_{19}以上的链在室温下则全都是固体。看到这里，你应该想到我们说的蜡烛是C_{19}以上的链，事实也确实如此，石蜡是碳原子数约为19～30的烃类混合物。因为它在室温下是固体。

固体石蜡不易与其他化学试剂反应，但它是可燃的，根据日常生活经验，我们得知，蜡烛无色透明且轻微受热易挥发，可闻到石蜡的特有气味。受热熔化为液态，因而会形成我们所看到的"烛泪"。遇冷时凝固为白色固体状，有轻微气味。

但你也许不知道，我们看到的蜡烛燃烧其实并不是蜡烛固体的直接燃烧。而是蜡烛燃烧时棉芯点燃，放出的热量使石蜡固体熔化，再汽化，生成石蜡蒸汽，而石蜡蒸汽是可燃的。也就是说，蜡烛的燃烧是石蜡蒸汽的不断燃烧。化学反应表达式为：石蜡+氧气—点燃=水+二氧化碳。你可以采用以下方法证明：在吹灭蜡烛的一瞬间，可以看到一缕白烟，用燃烧的火柴去点这缕白烟，可以使蜡烛复燃。所以可以证明点燃的是石蜡蒸汽，同时，所冒白烟是石蜡蒸汽遇冷凝固所产生的固体微小颗粒。

现在，我们知道蜡烛是如何"落泪"的了。那么，蜡烛火焰为何是泪状的呢？这是热量造成空气流上升所致。热空气的密度比冷空气低，因此热空气会向上升。空气流在蜡烛火焰周围平稳流动，并将它聚拢成一点。

130.火焰为什么总是向上蹿?

势欲焚昆仑，光弥焫洲渚。

——（唐）杜甫《火》

【译文】

火焰冲天，有烤干洲渚、燃尽高山的势头。

厨师做菜时，常常会把锅烧得很热，这样油就会烧着。从图中可以看到向上蹿的火焰。

我们对于火都是有一定认识的，火焰一般分为三个部分。内层带蓝色，因供氧不足，燃烧不完全，温度最低，有还原作用，称内焰或还原焰。中层明亮，温度比内层高。外层无色，因供氧充足，燃烧完全，温度最高，有氧化作用，称外焰或氧化焰。

通过观察，我们知道火苗是向上蹿的。在古代，人们弄不明白为什么火焰总是向上蹿的科学道理，常常把它与鬼怪和迷信联系在一起。实际上，火焰向上蹿是由于空气的流动引起的。由于热空气的密度比冷空气小一些，因此热空气就会上升，这样一来使得周围的冷空气就流过来补充。随着空气的流动上升，火焰就被空气引向上方，火苗就向上蹿。同理，在点燃一堆篝火时，由于大量热空气上升，四周冷空气迅速流过来补充，篝火熊熊燃烧、火苗上蹿的景象就产生了。

但是，为什么有时燃烧的火焰又会忽左忽右飘忽不定呢？这同样是空气的缘故，而不是像迷信人士所讲的那样与鬼怪有什么关联。一般情况下，当火焰四周没有风的时候，火焰是十分稳定的，这时候火苗上升的高度随着温度的升高而升高。但实际上，室外的气流由于受到各种因素的影响，总会出现一些不规则的流动，这些流动会干扰热空气上升的正常次序，从而使火焰在空气中变得不知道向哪个方向摆动才好，于是就出现了火焰摇摆不定的现象。

131.为什么夏夜的坟地常见"鬼火"？

石脉水流泉滴沙，鬼灯如漆点松花。

——（唐）李贺《南山田中行》

【译文】

从石缝里流出来的泉水滴落在沙地上，发出幽咽沉闷的声响，远处的磷火闪烁着绿荧荧的光，像漆那样黝黑发亮，在松树的枝丫间游动，仿佛松花一般。

李贺诗句中写到的"鬼灯"，也就是我们常说的鬼火。如果酷热的盛夏之夜，你耐心地去凝望那坟墓较多的地方，也许你会发现有忽隐忽现的蓝色的星火之光——那就是"鬼火"。迷信的人们解释说："那是死者的阴魂不断，鬼魂在那里徘徊"；有的人还说，如果有人从那里经过，那些"鬼火"还会跟着人走呢。在古代的科学水平下，人们无法解释这些现象，总当作是一些诡异事件。

"鬼火"实际上是磷火，是一种很普通的自然现象。它是这样形成的：人体内部，绝大部分是由碳、氢、氧三种元素组成，除此之外还含有其他一些元素，如

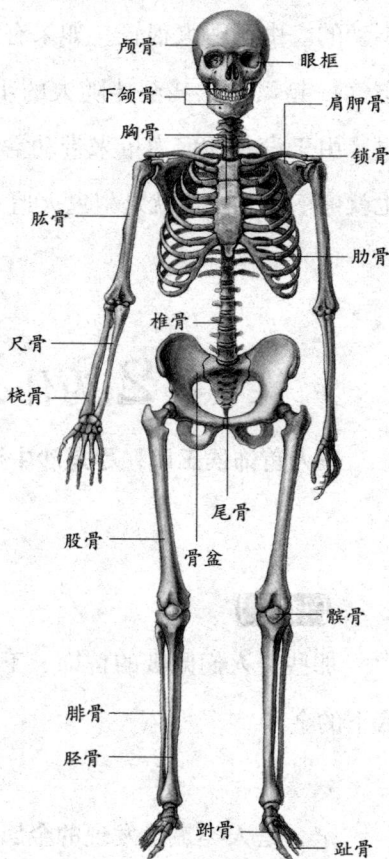

颅骨　眼眶
下颌骨　肩胛骨
胸骨　锁骨
肱骨　肋骨
尺骨　椎骨
桡骨
尾骨
股骨　骨盆
髌骨
腓骨
胫骨
跗骨　趾骨

人体骨骼中含有大量的钙、磷及其他有机物和无机物，是体内无机盐代谢的参与者和调节者。

磷、硫、铁等。而人体的骨骼里含有较多的磷化钙。人死了，躯体埋在地下腐烂，发生各种化学反应。磷与水或碱作用时，由磷酸根状态转化为磷化氢。磷化氢是一种气体物质，燃点很低，在常温下与空气接触便会燃烧起来。磷化氢产生之后沿着地下的裂痕或孔洞冒出到空气中燃烧发出蓝色的光，就成了人们所说的"鬼火"。

"鬼火"为什么多见于盛夏之夜呢？这是因为盛夏天气炎热，温度很高，化学反应速度加快，磷化氢易于形成，也易于自燃。那为什么"鬼火"还会追着人"走动"呢？大家知道，在夜间，特别是没有风的时候，空气一般是静止不动的。由于磷火很轻，如果有风或人经过时带动空气流动，磷火也就会跟着空气一起飘动，甚至伴随人的步子，你慢它也慢，你快它也快；当你停下来时，由于没有任何力量来带动空气，所以空气也就停止不动了，"鬼火"自然也就停下来了。这就是"鬼火追人"的原因所在。

132. 为什么能在河底沙中淘金？

美人首饰侯王印，尽是沙中浪底来。

——（唐）刘禹锡《浪淘沙》

【译文】

那些美人们佩戴的首饰、王侯将相们使用的金印，其实都是来源于在大浪底下的金沙。

金，是人类最早发现的金属之一，比铜、锡、铅、铁、锌都早。金之所以那么早就被人们发现，主要是由于金子金光灿烂，很容易被人们找到。

由于金经风化侵蚀，雨水冲刷，在长期的迁徙中才同泥沙混合形成沙金矿，这么说，金子并不在水里，而是在河、湖的淤泥里。而淘金不过是把沙金矿中的金分离出来而已。看到这里，也许你会问，那为什么电视中看到的都是在河水或湖水中淘金呢？

汉"文帝行玺"金印

这是由于人们采用的是化学上的重力选矿法，这种方法一定要在一定的流体介质中进行，所用介质通常为水，河水或湖水中的矿物颗粒（沙子）受介质的浮力和流体动力作用而松散，利用金子与沙子比重（物体的重量与其体积的比值）的差异，金比重为19.3，较石英沙比重2.65大得多，在冲沙淘金中易先沉降，使金沙分离。而在自然界中金大都是以游离形态存在，化学性质稳定，不需要冶炼还原，它们大都含金达99%以上，另外只有极少的1%是银和微量的钯、铂、汞、铜、铅等。因此，淘出的金纯度是很高的。

因而，虽然其劳动过程异常艰辛，但一度为王侯贵族所青睐。诗人写这首诗就意在揭露劳动人民在惊涛恶浪中辛苦淘得金，最后全部化为王侯贵族用来炫富的奢侈品。

133.珍珠为什么会发光？

荷心有露似骊珠，不是真圆亦摇荡。

——（唐）温庭筠《莲浦谣》

【译文】

荷心的露珠好似宝贵的珍珠，虽不是真正的圆（缘分）也让人心生渴望。

温庭筠的这句诗形象贴切，俊语如花，而又寓意深长。露珠儿滴入了"荷心"，荷的心里明知道它不过"似"宝贵的珍珠晶莹闪光，但绝不是真正的圆（这里意指好姻缘）。

古人时常用晶莹剔透的珍珠作比，是因为珍珠是古代人们就已经会采集的一种贵重物

美丽的珍珠就是从这些贝壳中孕育出来的。

品，它是大自然赠送给人类的瑰宝。它一般孕育于水生的贝类动物中。当水下的寄生虫或砂粒等异物进入贝类的身体，贝类分泌的壳角蛋白和碳酸钙就会将其层层包裹起来。时间一长，光彩夺目的珍珠就形成了。人们之所以认为珍珠是无价之宝，就是因为它的光泽耀眼夺目。那么，珍珠为什么会闪闪发光呢？

珍珠的表面被一层光滑的胶质包着，这便是宝贵的珍珠层。人们称珍珠层中所含的各种成分为珍珠质，其中碳酸钙的含量占90%以上，除此之外还含有少量的有机质、一些金属元素和细微的水滴。正是由于这些固体和液体的微粒具有良好的折光性能，才使得珍珠在光线照射下发出熠熠闪动的珠光，显得晶莹可爱。

珍珠的色彩多种多样，一般可以分为白色、黄色、淡蓝色和粉红色4种，其中最为名贵的是粉红色珍珠。据研究，珍珠层中含有一种卟啉体，它是由蛋白色素卟啉和金属元素结合而成的，卟啉体中所含的金属元素不同，就会显示出不同的颜色。例如，粉红色珍珠中含有较多的钠、锌，黄色珍珠中则含有比较多的铜和银。除此之外，因珍珠层中含有的卟啉体的多少不同，珍珠色彩也有深有浅。

134.为什么珍珠会化成"血"？

开视化为血，哀今征敛无。

——（唐）杜甫《客从》

【译文】

打开箱子一看，（珍珠）化成了血泪，而今再没有什么东西可供搜刮了。

虽然杜甫在一千多年前就写出了珍珠化为"血"的直观现象，但人们一直不知道珍珠为什么会化成"血"呢？直到现代，科学家才帮助人们解开了这个玄而又玄的问题。

科学家指出，珍珠贝的主要成分是文石（即碳酸钙），另外就是少量的氨基酸和水分。文石的化学成分极不稳定，容易溶于水，从而使珍珠的内部结构改变，失去光泽。与此同时，珍珠中所含的氨基酸等也是极易分解的有机物质，随着时间的推移，会分散解体，如果箱子受潮，珍珠和水及二氧化碳反应生成碳酸氢钙：$CaCO_3+H_2O+CO_2=Ca(HCO_3)_2$，变成了红色液体。当时，杜甫是见到这一现象，不知是何原因造成，但是正好要表达统治阶级剥削、压榨劳动人民的血泪成果，就成了珍珠化"血"之说。

而且珍珠中的水分很容易失去，因此，珍

珍珠的化学组成为：$CaCO_3$（碳酸钙）91.6%，H_2O和有机质各4%，其他物质0.4%。并含有多种氨基酸：亮氨酸、蛋氨酸、丙氨酸、甘氨酸、谷氨酸、天门冬氨酸等。另外，还含有30多种微量元素、牛磺酸、丰富的维生素、肽类。

珠一般经历六七十年，就会渐渐失去光泽，经历150年左右将消散殆尽。这也刚好解释了古代中国人喜欢佩戴珍珠，而且往往还要在逝者的口中放入一颗珍珠，让其"含珠九泉"，然而那些千年古墓中却都找不到陪葬珍珠的原因。

135.人们为什么开始炼铜？

囷贮白粳稻，酒沽青铜钱。

——（宋）梅尧臣《与蒋秘别二十六年田棐二十年罗拯十年始见之》

【译文】

谷仓堆满了白色的粳稻，用青铜钱买了酒。

我们知道，古人花的是铜钱，即用铜制成的金属货币。这说明，铜是古代就已经知道的金属之一，这和含铜的矿物比较多见，而且大多具有鲜艳的颜色有着直接关系，例如：金黄色的黄铜矿$CuFeS_2$，鲜绿色的孔雀石$CuCO_3 \cdot Cu(OH)_2$或者$Cu_2(OH)_2CO_3$，深蓝色的石青$2CuCO_3Cu(OH)_2$等。

最初，人们只是把自然铜矿当成石料来打制石器，但随着不断研究，人们发现自然铜矿具有石头无法比拟的延展性，容易按需要打制成形。接下来，人们发现，将自然铜放到火里烧过后，打制起来就会更加容易。如果火焰温度足够高，自然铜就会熔化，而熔化的铜水能够流动，凝固以后又可随容器成形。这一现象的反复出现，导

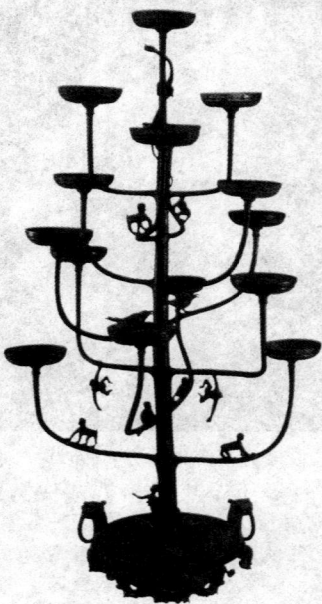
战国中期的青铜器：十五枝连盏灯

致了炼铜技术与铸造技术的萌生。另外，铜的熔点是1083℃，而早在公元前5000年前后的仰韶文化前期，陶器的烧成温度就已达到了900～1000℃，已经具备熔炼自然铜的技术基础。

在铜矿床的表层，自然铜和孔雀石、黄铜矿常常共同存在，尤其是孔雀石，色彩鲜艳夺目，极易引人注意。而孔雀石常同自然铜一起出现，并与铜锈有类似的颜色，这就容易使人产生联想，激起用孔雀石炼铜的冲动。而这种冲动一旦付诸实践，炼铜技术就在机缘巧合之下诞生了。因为根据化学知识，我们知道，孔雀石属于碱式碳酸铜，只要加热到一定温度，就会分解为氧化铜，而氧化铜同木炭一起加热，铜就被还原出来了。

不过人们发现，纯铜的缺点是制成约器物太软，易弯曲。后来，人们无意中把锡掺到铜里去，发现制成的铜锡合金熔炼和制作都比纯铜容易得多，而且比纯铜坚硬（假如把锡的硬度值定为5，那么铜的硬度就是30，而青铜的硬度则是100～150），这种铜锡合金就是青铜。

青铜易熔，凝固时体积收缩很小，能很好地铸造成型，在空气中稳定，对过热和气体的敏感性很小，冲击时不发生火花，耐寒，并有极高的耐磨性，因而很快取代了纯铜器，直到青铜时代以后的铁器时代里，也没有丧失它的使用价值。

136.为什么炼铁出现在炼铜之后？

夜阑卧听风吹雨，铁马冰河入梦来。

——（宋）陆游《十一月四日风雨大作》

【译文】

夜将尽了，躺在床上听到那风雨的声音，迷迷糊糊梦见自己骑着披铁甲的战马踏过冰河奔赴前线。

说起古人最初认识的铁从何而来，你一定想象不到，最早进入人类视野的铁矿物是铁陨石（或简称陨铁）——不折不扣的天外来客，从而，人类得到了有关铁的最初知识。铁陨石主要由铁镍合金组成，一般含镍4~10%，极少数陨铁中的镍含量可以高达60%。

炼铜早于炼铁，不仅已为考古文物和历史文献所证实，而且也符合冶金技术的发展规律。原因很简单，就像从树上摘苹果总是从低处摘起一样，由于炼铜（专指古代）较炼铁容易，最早诞生的当然是炼铜术。

前面我们已经提到过，铜的熔点为1083℃，而纯铁的熔点为1537℃，直接熔铁在新石器时代根本就不可能。铁矿石的还原温度虽然并不需要这么高，但温度低时还原速度很慢，对实际生产没有意义。同时，铁本来很易被氧化，除陨铁外，自然界中的铁都呈氧化物或其他化合物的形态存在。低温还原出来的铁在冷却时很容易被重新氧化，又变成了氧化铁（铁锈）。因此，尽管铜、铁矿总是共生，在炼铜术诞生之后，冶铁术的诞生仍需时日，直到人们掌握了铜铁冶炼至关重要的知识——高温下的还原。

人们一直采用块炼铁进行冶炼。块炼铁疏松多孔、含碳极低，质地柔软，适于锻造成形，因而也称为锻铁，是在较低的冶炼温度下由铁矿石固态还原得到的铁块。冶炼块炼铁，一般是在平地或山麓挖穴为炉，装入高品位的铁矿石和木炭，点

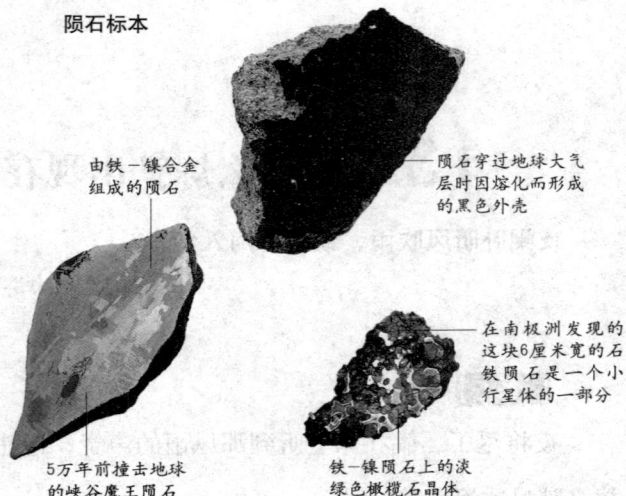

陨石标本

由铁-镍合金组成的陨石

陨石穿过地球大气层时因熔化而形成的黑色外壳

5万年前撞击地球的峡谷魔王陨石

铁-镍陨石上的淡绿色橄榄石晶体

在南极洲发现的这块6厘米宽的石铁陨石是一个小行星体的一部分

燃后，鼓风加热。当温度达到1000℃左右时，矿石中的氧化铁就会还原成金属铁，由于矿石中其他未还原的氧化物和杂质不能除去，只能趁热锻打挤出一部或大部，仍然会有较多的大块夹杂物留在铁里。由于冶炼温度不高，化学反应较慢，加之取出固体产品需要扒炉，所以产量低，费工多，劳动强度也大。

针对以上的缺陷，人们为了提高产量，就要强化鼓风和加高炉身，炉子必将逐渐从地坑式向竖炉发展。炉身加高以后，炉内上升的煤气流与矿石接触的时间延长，能量利用率有了提高。鼓风强化则有两方面的效果：一方面使气体压力加大，穿透炉内料层的能力增强，因而允许增加炉身高度；另一方面是燃烧强度提高，直接提高了炉内温度。这些都促使产量提高。至此，铸铁技术就宣告诞生了。

137. 为什么在古代银比金贵？

银鞍照白马，飒沓如流星。

——（唐）李白《侠客行》

〔译文〕

银鞍与白马相互辉映，飞奔起来如飒飒流星。

从李白的诗句中可以看出，在古代，人们就已经知道如何制造银器了。按理说，银在地壳中的丰度大约是黄金的15倍，应该比黄金先被人们发现才对，但是由于银比金活泼，它总是与其他金属共同存在，很少以单质状态存在，因而比金发现得晚。而且银矿物通常在土里藏得很深，纵横如树枝，采矿的人要挖土30~60米深才能找到，加之当时人们的提取技术有限，能够取得的银量很小，因而使得它的价值比金贵许多。

古人从矿石中提炼银的方法叫作"灰吹法"，我们已经知道，银多与其他有

银曾经被作为货币，图为光绪年间的银元。

色金属共生，因而灰吹法是一种从银铅矿物中分离出银的方法。

首先，古人将经过挑选的银铅矿石（礁砂）放入炉中，在上面覆盖约一尺厚的木炭，待木炭烧完，矿石熔化成为矿石团（礁石团）；然后，再将已经烧结的矿石团（礁石团）置入炉中，利用铅银互熔，但熔点、沸点不同的特性，铅熔点是327.46℃，沸点是1749℃；而银熔点是961.78℃，沸点是2162℃，因而使炉内的温度上升到将矿石团（礁石团）中的铅首先熔融，再通过鼓风通气（氧气增多），大部分的铅氧化下沉形成氧化铅，然后降温冷凝得到可以进一步提纯的银铅合金矿石团（这时已成为粗制银）。最后，将银铅合金再放进熔炉中，不断地鼓风通气，将剩下的铅熔出并完全汽化，这样余下即为提纯后的银。

138.为什么古时候人们用银制品盛食物和疗伤？

遥望洞庭山水翠，白银盘里一青螺。

——（唐）刘禹锡《望洞庭》

【译文】

远远望去，洞庭湖的山水一片翠绿，好似白银盘里托着一颗青色的田螺。

诗人这里是将浮在水中的君山比作搁在白银盘子里的青螺。这也给我们透露了一个细节，就是古时候，人们就知道用银碗盛放食物，这样的情节我们也经常在古装剧中看到。但是，古人这样做并不只是因为银器美观贵重，这里还有其他的作用。

原来，古人早就发现银器可以保存牛奶等食物较长时间而不变质。这是为什么呢？因为银会"溶解"于水，食物由银碗盛放时，其中的水会与极微量的银发生电离反应变成银离子。银离子有相当强的杀菌能力，每升水中

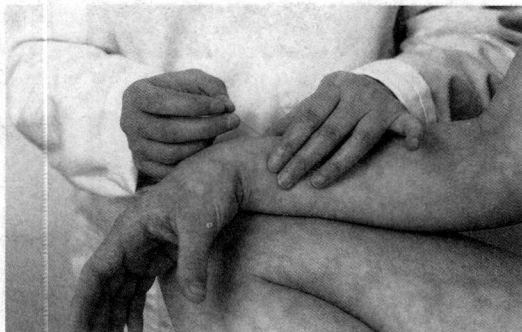

针灸治疗
神奇的针灸使用的就是小小的银针，针刺进生病部位的穴位可以活血通气，消除疼痛。

只要有一千亿分之二的银离子，就可以杀死其中的全部细菌。

银离子的杀菌功能，还被人们用在消毒和外科救护方面。例如，古埃及人早已知道，银片覆盖对伤口有治疗作用。后来又出现了用来包扎伤口的"银纱布"，用它治疗皮肤创伤和溃疡，效果很好。现代医学中，医生也会用1%的硝酸银溶液滴入新生儿的眼睛里，能够防治新生儿眼病。我们知道的闻名中外的中医针灸，使用的也是小小的银针。

139.为什么古人酿酒离不开粮食？

绿蚁新醅酒，红泥小火炉。

——（唐）白居易《问刘十九》

【译文】

新酿的米酒，色绿香浓；小小红泥炉，烧得殷红。

白居易诗句中的酒解释为米酒，透露出了一个信息：中国古代黄酒、白酒的酿造原料是粮食，因而习惯上称作粮食酒。中国地域广大，气候温和，有许多良田沃土，极适宜农作物的耕种，因而五谷类粮食产量大、品种多。这为我

国酿制粮食酒提供了得天独厚的条件。

米酒是以稻米为主要原料的酒。

在中国流传着这样的俗语：曲为酒之骨。它形象地说明了酿造粮食酒的关键——曲蘖。根据可靠史料证实，在距今3200年前，我国先民发明了曲蘖（发霉发芽的谷粒，即酒曲），这成了成功酿酒的关键。此后在很长的历史时期中，我国是世界上独一无二的制曲酿酒的国家。

不过，虽然古代人民与曲蘖打了几千年的交道，知道酿酒一定要加入曲蘖，却一直不知道曲蘖的本质所在。现代科学才解开其中的奥秘。酿酒加曲，是因为酒曲上生长有大量的微生物（曲霉、毛霉、酵母菌和乳酸菌等），还有微生物所分泌的酶（淀粉酶、糖化酶和蛋白酶等），酶具有生物催化作用，可以加速将谷物中的淀粉、蛋白质等转变成糖、氨基酸。糖分在微生物的酶的作用下，分解成乙醇，即酒精。蘖也含有许多这样的酶，具有糖化作用，可以将蘖本身的淀粉转变成糖分，在微生物的作用下再转变成乙醇，即酒精。同时，酒曲本身含有淀粉和蛋白质等，也是酿酒原料。然后再经多次蒸馏处理，将酒精提纯，最后勾兑酒浆（即加水）方成白酒。

140.人为什么会喝醉？

常记溪亭日暮，沉醉不知归路。

——（宋）李清照《如梦令》

【译文】

依旧记得经常出游溪亭，一玩就到日暮时分，但因喝醉而忘了回去的路。

李清照的诗句描写了自己游玩得很尽兴，喝醉了忘记了回家的路。那么，人为什么会喝醉呢？

这主要是因为酒精，也就是乙醇。酒精以不同的比例存在于各种酒中，它在人体内可以很快发生作用，改变人的情绪和行为。这是因为酒精在人体内不需要经过消化作用，就可直接扩散进入血液中，并分布至全身。酒精被吸收的过程可能在口腔中就开始了，到了胃部，也有少量酒精可直接被胃壁吸收，到了小肠后，小肠会很快地大量吸收。酒精吸收进入血液后，随血液流到各个器官，主要是分布在肝脏和大脑中。

酒精在体内的代谢过程，主要在肝脏中进行，少量酒精可在进入人体之后，马上随肺部呼吸或经汗腺排出体外，绝大部分酒精在肝脏中先与乙醇脱氢酶作用，生成乙醛，反应式为：$2CH_3CH_2OH + O_2 = 2CH_3CHO + 2H_2O$ 。乙醛对人体有害，但它很快会在乙醛脱氢酶的作用下转化成乙酸（CH_3COOH），乙酸是酒精进入人体后产生的唯一有营养价值的物质，它可以提供人体需要的热量。

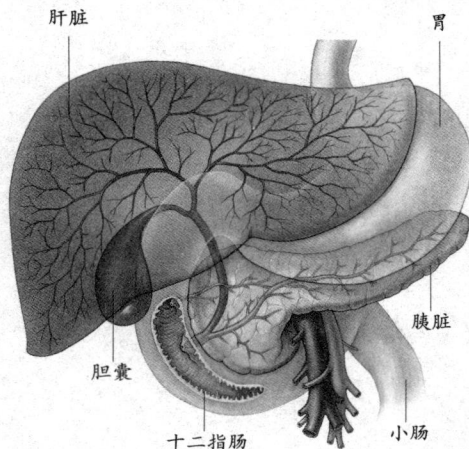

肝脏及其相邻器官

肝脏是身体内以代谢功能为主的器官，并在身体里面扮演着去毒素（如酒精的代谢）、储存糖原（肝糖）、分泌性蛋白质合成等等角色。肝脏也是胆汁制造厂。

上面两个反应中"酶"起了决定性的催化作用，人体内每时每刻都在发生各种复杂的化学反应，这些反应都是在特殊的蛋白酶的作用下进行的。人体内含有各种蛋白酶的量因人而异，有的人体内含各种酶比较多，有人较少。含酶多的人虽饮了较多的酒，但能顺利地完成上述化学变化，而这些酶含量比较少的人，酒后不能顺利完成上述变化，甚至失去催化作用，过多的乙醇和乙醛会刺激神经系统，使大部分人会变得安静、忧郁、恍惚甚至直到不省人事。

这主要因为酒精影响着人们脑细胞中神经元的功能，并影响大脑对3种特殊的化学物质（γ–氨基丁酸、复合胺和多巴胺）的使用方式。如果在短时间内饮用大量酒，初始时酒精会像轻度镇静剂一样，使人兴奋、减轻抑郁程度，这是因为酒精易于提高我们的大脑中复合胺的水平，这会引起一种快乐的感觉，这也是为什么喝酒的人一喝酒就会立刻快乐的一个原因。另一方面，γ–氨基丁酸通常会抑制和减慢大脑的运转速度，在平时对极兴奋行为起抑制作用，酒精易于增强γ–氨基丁酸的反应，导致醉酒的感觉。同时，酒精影响了大脑中多巴胺的分泌，多巴胺是另一种调节快乐感的化合物，也负责协调运动，这可能是为什么当酒精起作用的时候人会摇摇晃晃的原因，同时也是为什么喝了酒的人不能开车的原因。

酒精在人体内的代谢速率是有限度的，如果饮酒过量，酒精就会在体内器官，特别是在肝脏和大脑中积蓄，积蓄至一定程度即出现反胃、呕吐等酒精中毒症状，严重时甚至会因心脏被麻醉或呼吸中枢失去功能而造成窒息死亡。

141.为什么说人不可一日无盐？

腊月草根甜，天街雪似盐。

——（唐）李贺《马诗》

【译文】

腊月，无草可食，唯有草根聊以充饥，可草根也深埋于似盐一样的雪之下。

李贺用盐作比写入了诗句中，这说明古时候人们对盐就已经很熟悉了。其实，中国历代都有对盐的管制。早在春秋时代，当权者已经懂得利用盐，作为谋取暴利的工具，正是因为这"小颗粒"是人民生活中离不开的调味品。

盐是一种无色或白色立方晶体，主要成分为氯化钠（NaCl），广泛存在于海水和天然盐湖中。食盐溶于水，生成水合氯离子和水合钠离子，是合成胃酸的主要原料，可促进唾液分泌，增加食欲。

我国是最早人工生产食盐的国家，最初的食盐是用海水煎煮而成，后来又发明了井火煮盐法。图为《天工开物》中的井火煮盐法示意图。

在夏天，人们在高温下剧烈运动，大量出汗后，排出大量的盐分，会出现身体疲乏、头昏、四肢无力、食欲不振、恶心等症状。此时医生会建议多喝加盐的开水，以补充人体流失的盐分。这时因为在生物体中，盐分具有调节细胞外液的渗透压，维持体内酸碱平衡的作用。可见，食盐不仅仅是一种调味品，更是人体生理的必需品。

在医院里，我们经常会看到给病人输液，这"液"大多是浓度为0.9％的生理盐水。为什么生理盐水的浓度必须是0.9％呢？因为人体血液中各种电解质（可自由游动的离子）的物质的量浓度就是0.9％。人体里的血液都含有食盐，在细胞膜的调节下，细胞内的溶液跟细胞外的血液都维持一定的浓度达成平衡。如果把生理盐水调稀了或错用了蒸馏水，就会引起血细胞的吸水膨胀，甚至破裂，发生溶血现象。反之，若生理盐水过度，血细胞又会失水皱缩。因此，在一般情况下，生理盐水必须是0.9％。

142.为什么白糖比红糖纯度更高？

赣江压糖白於玉，好伴梅花聊当卤。

—— （宋）杨万里《夜饮以白糖嚼梅花》

【译文】

赣江压得糖像玉一样白，正好伴着梅花一起喝。

早在公元前100年，中国人就已学会在大米、玉米、大麦及薯类发芽时，把其中的淀粉加水分解而得到糖。后来，人们又用甘蔗和甜菜制糖。不过，最初蒸发甘蔗汁或甜菜液得到的糖含杂质很多，是红棕色的，所以人们都称其为"红糖"。那么，雪白晶莹的白糖，又是怎样来的呢？它和红糖有关系吗？

相传，六百多年前，有一家糖坊忙于往外装运红糖。一个伙计不小心将一袋红糖洒进灰堆里。他十分惧怕主人责骂，急忙把混有草灰的红糖装起来，放回大锅里加水搅拌，想使它全部溶解，经过过滤去掉灰渣，然后重新炼成糖。结果发现炼出来的不是红糖，是雪白的糖，而且比原来的红糖更甜。这样，白糖的提炼方法就被发现了。直到今天，在工厂里用活性炭来使红糖变成白糖，其原理都是一样的。

在糖厂里，工人们把活性炭放进红糖水里搅拌、过滤，就成了无色澄清的溶液。然后加热蒸

甘蔗是制造蔗糖的主要原料之一。甘蔗茎秆所制造的养料大部分都是糖类，所以甘蔗根部的糖分最浓。而甘蔗的叶子和梢头部分要积聚充分的水分，以供叶的蒸腾作用所需，梢头的大量水分冲淡了糖分，所以梢头没有根部甜。

干，出来的晶体就是白糖！这是怎么回事呢？原来，关键就在炭身上。在显微镜下，你可以看到，活性炭简直像个"蜂窝"，浑身尽是洞洞，表面积很大。表面积大的物质有个特性，就是吸附能力特别强。在红糖水里，因为色素等物质总是又大又重，所以，在"路过"活性炭表面时，像大象过沼泽陷了下去，一下被活性炭"抓住"。活性炭吸附了色素后，一过滤，活性炭和色素一起被除掉了，于是红糖就变身成了白糖。

白糖是蔗糖的白色结晶，含有结晶水，所以晶粒较小。如果再把白糖里的水除去，那就会得到大块的无色晶体——冰糖。从化学角度来看，红糖、白糖、冰糖都属于蔗糖，只不过纯度不同而已。因此，红糖比白糖更有益之说没有科学根据。

143.为什么鱼有腥味？

西塞山前白鹭飞，桃花流水鳜鱼肥。

——（唐）张志和《渔歌子》

[译文]

西塞山前几只白鹭飞在天空，盛开的桃花掉落在清澈见底的河水中，肥美的鳜鱼在水中游动。

古时候，人们就以鱼肉为食了。鱼，是一种大众皆爱的美味，但是人们都为洗鱼而发愁，因为，洗过之后会弄得一手腥味。那么，为什么鱼会有腥味呢？

鱼有腥味，是由于它体内含有三甲胺。三甲胺是一种脂肪胺类的化合物，它和甲胺、二甲胺一样都臭气熏天。胺类化合物存在于许多植物当中，如山楂花很臭，因为它的花蕊是大自然中的三甲胺"制造厂"。此外，在人的汗里，同样含有少量三甲胺。这就是为什么当人满身大汗时闻起来有些刺鼻的缘故。

不过，我们今天为了除去鱼腥，在烧鱼的时候常常会浇些料酒，这样效果就好多了。这是因为三甲胺总是"隐藏"在鱼的肉里，用一般的方法

鱼虾肉蛋白质的代谢和腐败会产生三甲胺，三甲胺易溶于水。平时做鱼时，除放适量料酒外，放醋也可去除鱼腥味，因为三甲胺是碱性物质，加入醋会被中和掉。

人们很难将它驱逐出去。但是酒里含有酒精，而酒精能够很好地溶解三甲胺，从而把三甲胺从鱼肉内清除出去。而且，酒精和三甲胺都很容易挥发，烧鱼时温度较高，没一会儿，鱼的腥味就被除掉了。另外，料酒中还含有一定量的乙酸乙酯，它们具有很好的香味，也可以在一定程度上掩去鱼的腥味。只是不知道古人是不是也会在吃鱼的时候浇上酒精类制品去腥呢？

144.为什么茶能提神？

六腑睡神去，数朝诗思清。

——（唐）曹邺《故人寄茶》

【译文】

五脏六腑中的睡意全无，数日的写诗思路顿时清醒。

看来，古人也是用茶叶来提神的，今天的人们学习或者工作劳累的时候，也常常泡上一杯茶，喝完后，就会感觉头脑清醒。为什么茶能提神醒脑呢？

原来，它含有咖啡因，咖啡因是一种生物碱，又名植物碱。这是一种白色针状的结晶，医学家通过药理实验发现咖啡因对中枢神经系统有较大的刺激作用。人喝了茶以后，咖啡因在不到一个小时的时间内就可以开始在身体里发挥作用，摄取一次温和剂量的咖啡因，在3到4个小时内作用消失。食用咖啡因首先是增强了大脑皮质的兴奋度，减弱睡意，消除疲乏感，改善思维，使精神大为振奋；其次是运动中枢和循环中枢兴奋，从而使人全身轻松、精神大振。

我们都知道，咖啡中含有咖啡因，但却很少知道茶叶中也含有咖啡因。事实上，茶叶不仅含

玉川煮茶图（明 丁云鹏）

有咖啡因，而且含量还很高，通常为2%~3%，多者甚至达5%以上。所以，一杯浓茶所含的咖啡因就有0.1克左右，人们每天的建议摄入咖啡因量最好不要超过0.3克。

不过，每杯茶的咖啡因含量一般只有每杯咖啡的一半，茶的制作工艺是咖啡因含量的决定因素，特定品种的茶，例如红茶和乌龙茶，比其他茶的咖啡因含量高。这是因为红茶是经过发酵的茶类。茶叶发酵时间愈长，咖啡因含量愈多。未经发酵的绿茶，咖啡因含量只有完全发酵红茶的三分之一。而半发酵的乌龙茶，咖啡因含量大约只及红茶的一半。

另外，冲泡时间也会影响茶汤的咖啡因含量，冲泡时间愈长，被萃取出的咖啡因就愈多，反之则愈少。一般而言，红茶冲泡四分钟会释放四十毫克至一百毫克的咖啡因；如果只萃取三分钟，则只有二十毫克至四十毫克的咖啡因溶入茶汤。

145.为什么桃、杏等的仁儿不能生吃？

百叶双桃晚更红，窥窗映竹见珍珑。

——（唐）韩愈《题百叶桃花》

【译文】

百片绿叶中的两个桃子晚上看起来更红了，隔着窗子透过竹子看见它们很小巧。

桃子是一种看起来就很诱人的水果，自古以来深受人们的喜爱。许多人更是偏爱吃桃、杏之类果肉柔软的多汁水果，但是，它们的种仁却是有毒的，不能吃。假如不小心食用了它们，轻则呼吸困难、瞳孔变大，重则有可能昏厥、抽搐，甚至导致死亡。这是为什么呢？

这是因为桃、杏等的果仁中含有一种叫作苦杏仁苷的物质，它属于氰苷类的化合物。这种化合物本身没有毒性，但生性不太稳定的它在一定条件下就会发生水解反应。这时，分子中所含的羟腈部分，最终会变成氢氰酸游离出来。氢氰酸这种化合物含有剧毒，它就是使人中毒的罪魁祸首。

桃仁、杏仁都可以用于制药，杏仁止咳糖

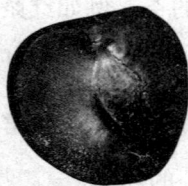

杏和杏仁

桃和桃仁

浆中就含有杏仁水。但它们在配方中的用量是有限制的，而且经过煎煮，往往已经杀死了其中所含的酶，部分苷也被破坏，它们的毒性已经大大降低。而且，经过煎煮后残存的少量氢氰酸反而成了杏仁止咳的有效成分。

146.为什么烧烤食物不宜多吃?

焰焰砖炉火，霏霏石鼎香。

——（宋）陆游《初寒》

【译文】

转炉中火烧得正旺，石鼎中的香气已经飘出。

我们知道，自从古人开始学会使用火，吃烹饪熟的食物后，寿命就大大地延长了。古人最初是将食物直接置于火上烧烤的，但是后来，就开始使用"石鼎"等器具装盛了。

今天，我们依然会吃烧烤食物，但烧烤食物是不宜

有人测出，烤肉用的铁签上黏附的焦屑中的苯并芘含量高达每公斤125微克。在人流高峰期，露天烧烤不仅危害食用者，而且危害过路人群。

多吃的，它对人体有很大的危害，为什么呢？这是因为在烧烤食物中含有较高的苯并芘。苯并芘是一种化学物质，用化学术语来讲，它是一种多环芳烃类的化合物，是由一个苯环和一个芘分子结合而成的。目前已经检查出的400多种主要致癌物中，一半以上是属于多环芳烃类的化合物。多环芳烃类的化合物对人身体十分不利，其中，苯并芘则更是一种强致癌物，对人身体危害更大。

苯并芘是怎样产生的呢？烧烤时，一般用煤、木柴或木炭作为燃料，如果它们不完全燃烧就会产生苯并芘。在烤鱼、肉、土豆、羊肉串时，从燃料中产生的苯并芘就沾染到这些食物上。苯并芘通过食物进入人的体内，人就有产生肿瘤的可能。值得注意的是，无论何时，用煤作为烤制食品的燃料都是很不合适的，用电、煤气作为烤制的热源则较为卫生，即使如此，烤制食品还是不宜多吃。看来，使用器皿装盛食物这看似一个简单的变化，却给古人的健康带来了很大的好处。

147.为什么大气中的氧气不能过多？

细雨鱼儿出，微风燕子斜。

——（唐）杜甫《水槛遣心二首·其一》

【译文】

鱼儿在毛毛细雨中游到水面，燕子在微风的吹拂下倾斜着掠过天空。

空气是一种混合气体，包裹在地球的周围。地球是太阳系中唯一一颗有空气存在的行星。

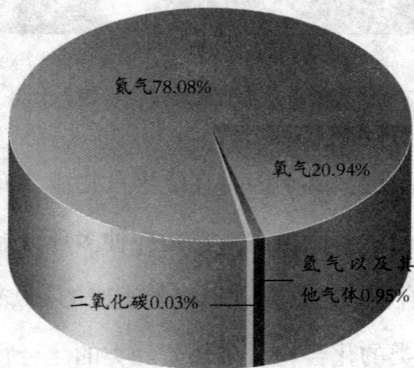

氮气78.08%
氧气20.94%
氩气以及其他气体0.95%
二氧化碳0.03%

诗人细致地描绘了微风细雨中鱼和燕子的动态，描写十分生动。从诗人的细节描写中我们又可以印证鱼不能缺氧的原理，前面我们讲过，当临近下雨时，天气沉闷，水中溶解的氧气量减少，于是鱼类纷纷浮到水的上层甚至水面来呼吸。

不只是鱼，我们人的存活也离不开氧气，但大气中的氧气并不是越多越好，地球上的大气是由很多种气体共同组成的混合物，含量最高的是氮气，大约占空气总量的77%；其次是氧气，占21%；其余的2%主要由痕量（化学上指极小的量）气体组成，包括氩气、二氧化碳、氦气、氖气、氪气、氙气、一氧化二氮和一氧化碳等。此外，空气里还含有不定量的水蒸气。

地球上的生命体离不开氧气，因为氧气维持了机体的运转。早产的婴儿通常会被放入氧气含量比较高的育婴箱，因为他们的肺还没有发育完全，呼吸功能不完善。育婴箱里的氧气含量通常是30%～40%，这比空气中21%的含氧量要高出很多。对于出现严重呼吸障碍的婴儿，为防止脑供氧不足，有时还需要为他们戴上氧气罩，让他们呼吸100%的氧气。

但是氧气过多对人体是有害的。育婴箱里氧气含量过高会使婴儿血液中氧含量升高，而过高的血氧含量会损伤婴儿眼球里的血管，从而导致视力下降或失明。

这说明了氧气具有两面性：一方面，人类依靠氧气才能生存；另一方面，氧气也会成为危害生命和健康的毒药。

148.为什么纸张中充满了纤维素？

烘焙几工成晓雪，轻明百幅叠春冰。

————（唐）齐己《谢人惠纸》

【译文】

几经熬制才成了雪白的纸，百张纸叠在一起就像春天欲化的冰块清透明亮。

诗人的诗句说明了造纸是一个不断蒸熬的过程，雪白的纸究竟是用什么蒸

造纸工艺流程：1.削竹浸泡，将原材料泡软。2.将已泡软并经石灰碱化的原材料进行蒸煮。3.将蒸煮后的原材料进行洗涤并捣浆。4.用纸床滤纸。5.让纸在纸床中定型后，覆床倒纸。6.透火焙干成纸。

熬成的呢？答案是众多的纤维制品。让我们来看看究竟吧。我们一般认为东汉的蔡伦是纸的发明者，其实不然。早在蔡伦之前，就已经有纸了。不过当时的纸大都以大麻纤维制成，成本高，工艺简陋，加上大麻纤维粗硬，不易捣烂，在成纸时分布很不均匀，因此纸张不平滑，不便于书写，一般只用于包装。有鉴于此，蔡伦决心改变造纸的方法。

蔡伦首先在原料上进行了改进，选用比麻类广泛易得的树皮、破布等作纤维素的来源，大大降低了造纸成本。但从树皮中提取纤维素要比麻类难度大，因为树皮中多了一种物质——木质素。木质素类似于"胶水"，能将纤维素粘在一起。树木中木质素含量高达30%，使得纤维素的分离非常困难。后来蔡伦发现，木质素在碱液中会发生一定程度的碱性水解，遂采用碱液来分离纤维素和木质素。

之后，蔡伦不断实验和改进，形成了一整套工艺流程：第一是原料分离，用沤浸或蒸煮的方法让木质素在碱液中脱胶，使原料分散成纤维状；第二是打浆，用切割和捶捣的方法切断纤维，使纤维呈丝裂状，成为纸浆；第三是抄造，把纸浆渗水制成浆液，然后让纸浆在捞纸器上交织成薄片状湿纸；第四是干燥，把湿纸晒干或晾干，揭下就成为纸张。

在蔡伦改进造纸术之后，虽然工艺不断完善和成熟，但这四个步骤基本上没有变化，即使在现代造纸生产中，其生产工艺与我国古代造纸法仍没有根本区别。

看到这里，如果平时留心观察，也许你会问，那么，报纸也是用同样的方法制造的吗？那么，它为什么比平时写字用的纸张颜色深？而且放久了容易变黄呢？

没错，报纸也是用同样的方法制成的，也含有大量的纤维素，但是，前面我们提到的木质素很难与纤维素分离。而报纸发行量大，流通快，生产成本当然越低越好。因而，为了降低成本，工厂中制造报纸时，木材不会像写字用的纸那样精加工，工厂将木材连同其中的木质素以及其他成分一起磨碎，而木质素是一种褐色物质，纸张中含量越高颜色就越深。这种粗加工就制造出了我们看到的颜色较深的报纸。

同时，木质素还有一个特性：其分子容易被氧化，从而呈现出更深的颜色。因而报纸买回来后存放一段时间会变色发黄。另外，在光照、高温和碱性条件下，木质素的氧化更为迅速。因而，报纸暴露在日光中，几个小时就会变黄。